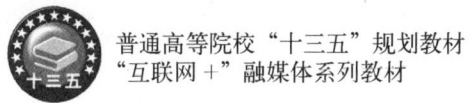普通高等院校"十三五"规划教材
"互联网＋"融媒体系列教材

U0781239

财务会计实训

迟甜甜　张志国／主编
黄高跃　卜梦洁／副主编

立信会计出版社
LIXIN ACCOUNTING PUBLISHING HOUSE

图书在版编目(CIP)数据

财务会计实训 / 迟甜甜,张志国主编. — 上海:
立信会计出版社,2022.7(2024.2 重印)
ISBN 978-7-5429-7117-3

Ⅰ.①财… Ⅱ.①迟… ②张… Ⅲ.①财务会计—教
材 Ⅳ.①F234.4

中国版本图书馆 CIP 数据核字(2022)第 114836 号

策划编辑　　郭　光
责任编辑　　郭　光

财务会计实训

出版发行	立信会计出版社	
地　　址	上海市中山西路 2230 号	邮政编码　200235
电　　话	(021)64411389	传　　真　(021)64411325
网　　址	www.lixinaph.com	电子邮箱　lixinaph2019@126.com
网上书店	http://lixin.jd.com	http://lxkjcbs.tmall.com
经　　销	各地新华书店	

印　　刷	上海华业装潢印刷有限公司
开　　本	787 毫米×1092 毫米　　　1/16
印　　张	18.5
字　　数	237 千字
版　　次	2022 年 7 月第 1 版
印　　次	2024 年 2 月第 2 次
书　　号	ISBN 978-7-5429-7117-3/F
定　　价	49.80 元

如有印订差错,请与本社联系调换

前　言

为突出实践教学在人才培养过程中的作用,帮助学生实现理论学习与实践操作衔接的"零距离",编者根据多年会计理论教学与实践教学的经验,以真实公司经济业务为载体而编写本书,实现实训方式岗位化、实训内容任务化和能力目标职业化。

本书分为两部分:第一部分为实训公司概况,介绍了公司基本信息,内部组织机构、人员分布及分工,公司会计政策与核算规则;第二部分为分岗实训,以烟台兴茂机械制造有限公司为案例公司,设计了出纳岗、往来会计岗、存货与成本会计岗、固定资产与无形资产会计岗、薪酬会计岗、税务会计岗、收入与费用会计岗、投资与筹资会计岗和总账会计岗等九个岗位实训项目,旨在培养学生的岗位意识,提高学生实际业务处理能力,为学生今后从事会计工作打下坚实的基础。

本书具有以下特点:

(1) 满足"理实一体化"的教学需求。本书按照会计工作岗位设计了九个分岗位会计实训项目,可与《中级财务会计》理论教学配合进行,满足"理实一体化"的教学需求,提高学生运用理论指导实践的能力。

(2) 融入课程思政元素。本书在我国思政教育的大背景下,将思政元素融入教材,有利于构建专业技能训练与思想政治教育同向同行的"课中课"新模式。

(3) 与时俱进。本书依据最新《企业会计准则》、新税收法律的相关规定编写,充分体现了准则、税收法律规定的时效性。此外,书中还包含微信商城零售、"满 1 000 减 100"促销活动、支付宝二维码结算等企业实际发生、与时俱进的经济业务核算。

（4）贴合实际。本书所用原始凭证式样来自真实企业、银行和税务机关等，实现真实凭证进课堂，可以缩短教学中理论和实践的距离，增强学生感性认识。从贴合实际角度出发，编者在一些凭证中埋设了一些常见的差错，让学生在审核凭证环节将这些"地雷"排出，在夯实会计核算技能的基础上，提高学生的审核、监督技能。

（5）本书配套实验专用账簿，可以减少教师和学生零星采购实验耗材，降低学生的经济负担。

（6）配套资源丰富。本书配备教师专用资源，包括会计分录答案，总分类账、日记账以及各类明细账答案，财务报表答案。授课教师可向立信会计出版社郭光编辑索取，QQ 号码为 360090452。

本书由迟甜甜、张志国、黄高跃、卜梦洁、孔令一、朱淑梅、迟春龙、郑秀丽、刘燕、汪金燕、李满林等编写。编者在编写过程中，参考和借鉴了大量相关实验教材成果，也得到了立信会计出版社的大力支持，在此表示诚挚谢意！

由于编者水平有限，加之税收法律规定变化较快，教材实验内容如有疏漏之处，恳请读者提出改进意见，以便我们进一步修订和完善。

编者

2022 年 6 月

目　录

第一篇 实训公司概况

一、基本信息

公司名称：烟台兴茂机械制造有限公司

纳税人识别号：913706129662088957

开户行：中国农业银行烟台市莱山区支行

银行账号：15376201040000182

地址：烟台市莱山区港城街 100 号

电话：0535-6900119

法人代表：孔祥瑞

注册资金：柒佰捌拾伍万元整，其中股东持股信息如表 1-1 所示。

表 1-1 股东持股信息

股东名称	投资资金	所占注册资金百分比
烟台兴鲁机械制造有限公司	7 000 000.00	89.17%
烟台飞达机械设备有限公司	850 000.00	10.83%

注：如无特别说明，本书表格中，金额单位为人民币元。

公司类型：有限责任公司（国内合资）

经营范围：生产与销售抗性消音器、铝合金油箱、有源消音器

二、内部组织机构、人员分布及分工

公司内部组织框架如图 1-1 所示。

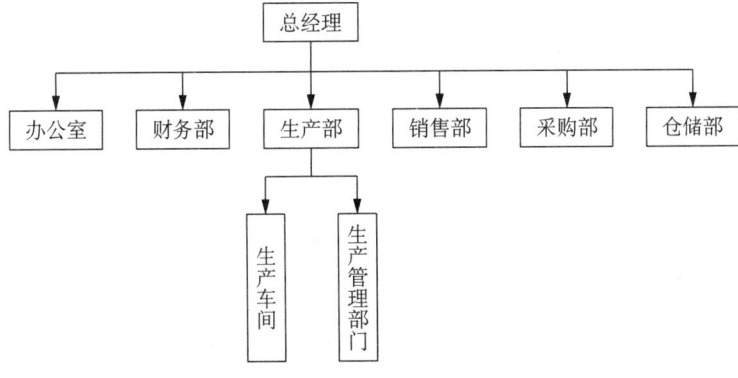

图 1-1 公司内部组织架构图

公司各部门主要岗位设置基本情况如表1-2所示。

表1-2　公司各部门主要岗位设置基本情况表

部门	岗位名称	姓名	岗位职责
办公室	总经理	孔祥瑞	负责公司整体生产经营管理活动
	办公室主任	宋成亮	负责行政管理工作
	行政专员	罗鑫	负责员工的考勤与日常行政工作
财务部	财务部经理	张丽	负责审核记账凭证、登记总账、编制财务报表、编制纳税申报表及财务部整体管理工作
	出纳	王小刚	负责货币资金核算工作
	会计	谢鸿妍	负责材料采购、入库、领用及产品成本核算工作
	会计	李丰富	负责除货币资金、材料及产品成本以外的核算工作
生产部	生产管理部门经理	王佳成	负责生产部整体工作
	生产车间经理	孙思泽	负责产品检验工作
采购部	采购部经理	刘伟	负责采购部整体工作
	采购专员	刘星	负责采购、退换货、一般赔偿等日常工作
销售部	销售部经理	徐瑞诚	负责产品销售整体工作
	销售专员	王开华	负责客户拓展、产品销售、退换货等日常工作
仓储部	仓储部经理	于传强	负责仓库整体工作
	仓储专员	赵小英	负责存货保管工作

注：生产车间共13人，表1-2中仅列示了生产部管理人员，未逐一列示车间生产人员。

三、公司会计政策与核算规则

（一）账务处理程序

本公司采用记账凭证账务处理程序，如图1-2所示。

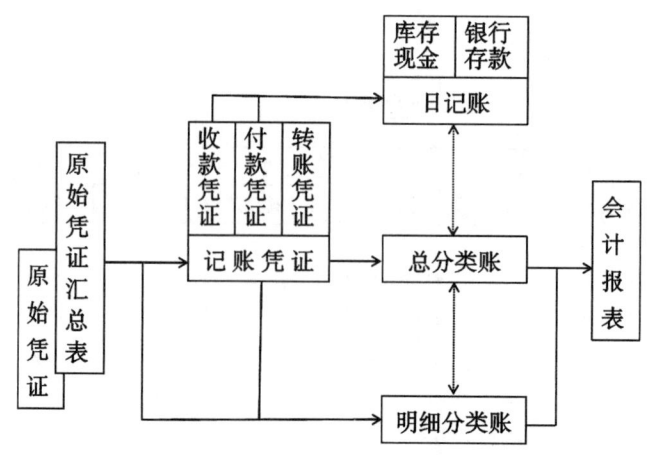

图1-2　公司账务处理程序

（二）核算规则

公司执行《企业会计准则》，具体核算规则如下：

（1）货币资金核算方法。公司货币资金包括库存现金、银行存款、其他货币资金。其中，其他货币资金的二级明细包括存出投资款、微信和支付宝。

（2）交易性金融资产核算方法。对于以赚取差价为目的而持有活跃在市场上有报价的金融资产，确认为交易性金融资产。在初始确认时按照公允价值计量，相关交易费用直接记入当期损益。持有交易性金融资产的会计期间，其公允价值变动形成的利得与损失，应当记入当期损益。

（3）备用金核算方法。采购员及其他职工出差预支差旅费，回公司后一次结清。

（4）存货核算方法。①原材料。公司原材料采用计划成本法核算；采购材料收到的增值税专用发票均通过发票验证，予以抵扣进项税额；生产车间领用材料时不核算材料成本差异，在月末计算材料成本差异率，核算材料成本差异。②库存商品。公司已销产品成本采用月末一次加权平均法，于月末一次计算并结转主营业务成本；库存商品期末余额按照"期末产品数量×月末加权平均单价"计算确定，已销产品成本按照"期初余额＋本期入库－期末余额"计算确定。

（5）成本核算方法。①生产领用材料。公司生产领用的原材料在生产开始时一次投入。②制造费用。公司制造费用根据各产品实际耗用的工时数按比例进行分配。③产品成本。公司产品成本采用品种法核算，生产费用在完工产品和在产品之间的分配采用约当产量法。

（6）债权投资核算方法。对于到期日固定、回收金额固定或可确定，且企业有明确意图和能力持有至到期的在活跃市场上有报价的债券投资，确认为以摊余成本计量的金融资产，核算时计入债权投资。在初始确认时按照实际支付价格计量，相关交易费用记入初始确认金额，构成实际利息组成部分。取得债权投资以后的会计期间，采用实际利率法，按摊余成本计量。

（7）长期股权投资核算方法。公司对其他单位的投资属于对被投资单位有重大影响的，采用权益法核算。

（8）投资性房地产核算方法。公司对取得的投资性房地产采用公允价值模式进行后续计量。

（9）固定资产核算方法。公司采用年限平均法计提固定资产折旧。

（10）无形资产核算方法。公司采用年限平均法计提无形资产摊销。

（11）坏账准备核算方法。公司采用备抵法核算坏账，期末坏账余额采用余额百分比法确定。

（12）相关税费政策。①增值税。公司为增值税一般纳税人，销售产品增值税税率为13%，出租厂房增值税税率为9%。②城市维护建设税。公司城市维护建设税税率为7%。③教育费附加。公司教育费附加税率为3%。④企业所得税。根据《关于实施小微企业普惠性税收减免政策的通知》(财税〔2019〕13号)和《国家税务总局关于落实支持小型微利企业和个体工商户发展所得税优惠政策有关事项的公告》(国家税务总局公告2021年第8号)的规定,本公司属于小型微利企业,对小型微利企业应纳税所得额不超过100万元的部分,减按12.5%计入应纳税所得额,按20%的税率缴纳企业所得税;对应纳税所得额超过100万元但不超过300万元的部分,减按50%计入应纳税所得额,按20%的税率缴纳企业所得税;公司所得税采用资产负债表债务法;经主管税务部门批准,公司所得税费用按月预缴,年终汇算清缴方式纳税。

　　注:根据《财政部　税务总局关于进一步实施小微企业所得税优惠政策的公告》(2022年第13号)的规定,对小型微利企业年应纳税所得额超过100万元但不超过300万元的部分,减按25%计入应纳税所得额,按20%的税率缴纳企业所得税。本书以烟台兴茂机械制造有限公司2021年的经济业务为基础,而《财政部 国家税务总局公告2022年第13号》相关规定的执行期限为2022年1月1日至2024年12月31日,因此本书中企业所得税的计算暂不适用此项优惠政策。

第二篇 分岗实训

实训一 出 纳 岗

一、出纳岗位职责

出纳的具体岗位职责如下：

（1）严格按照国家有关现金管理制度的规定，审核现金业务相关的原始凭证，办理现金收付业务。

（2）严格按照银行结算制度的规定，审核银行结算相关的原始凭证，办理银行结算业务。

（3）根据审核无误的原始凭证，编制相关记账凭证。

（4）根据编制的记账凭证，逐日、逐笔、顺序登记现金日记账和银行存款日记账，做到日清月结。

（5）妥善保管库存现金、空白票据、有价证券、有关印章等。

（6）每日核对库存现金，做到账实相符，出现差异及时汇报；定期与银行核对账目，编制银行存款余额调节表。

此外，出纳人员还承担办理银行账户的开立、变更和注销业务，外汇收付核销业务，公司资金日报表和月报表编制业务等职责。

二、实训目的

（1）熟悉有关原始凭证的填制与审核。

（2）掌握岗位相关记账凭证的编制。

（3）掌握现金日记账与银行存款日记账的登记方法。

（4）掌握库存现金和银行存款的清查处理方法。

三、实训资料

2021年5月，烟台兴茂机械制造有限公司发生的与出纳岗相关的经济业务如下：

【1】 4日，出纳王小刚签发一张现金支票，从中国农业银行提取现金2 000元备用。

提示：出纳签发现金支票后，将支票正联交给银行办理取现，将支票存根作为原始凭证进行账务处理。现金支票正联送存银行后，不再作为原始凭证。

【2】　7日,采购专员刘星上海出差回来报销差旅费 5 347 元,出纳王小刚以现金补付预支款不足的差额 347 元。

提示:采购差旅费记入"管理费用——差旅费"账户。根据《财政部 国家税务总局 海关总署关于深化增值税改革有关政策的公告》(财政部税务总局 海关总署公告 2019 年第 39 号)的规定:**2019 年 4 月 1 日后纳税人购进国内旅客运输服务,其进项税额允许从销项税额中抵扣**。纳税人未取得增值税专用发票的,暂按照以下规定确定进项税额:①取得增值税电子普通发票的,为发票上注明的税额。②取得注明旅客身份信息的航空运输电子客票行程单的,按照下列公式计算进项税额:航空旅客运输进项税额＝(票价＋燃油附加费)÷(1＋9％)×9％。③取得注明旅客身份信息的铁路车票的,按照下列公式计算的进项税额:铁路旅客运输进项税额＝票面金额÷(1＋9％)×9％。④取得注明旅客身份信息的公路、水路等其他客票的,按照下列公式计算进项税额:公路、水路等其他旅客运输进项税额＝票面金额÷(1＋3％)×3％。

【3】　8日,销售专员王开华到北京出差,预借差旅费 5 000 元,通过网银转账支付。

【4】　16日,从重庆华宇机械有限公司购买钢板,向中国农业银行申请签发银行本票,将结算户资金 100 000 元转做银行本票存款。

【5】　19日,网上购买 A4 打印纸,收到上海晨光文具股份有限公司开出的增值税专用发票,价款 528.32 元,税额 68.68 元,通过网上银行支付,A4 打印纸直接交付各部门使用。

【6】　25日,对现金进行盘点,发现溢余 6 元。审查后未发现原因,已报经领导批准处理。

【7】　29日,宋成亮报销公司办公室发生业务招待费 1 106 元,款项以银行存款支付。

【8】　2021 年 6 月 1 日,出纳王小刚从银行获得 2021 年 5 月份的银行存款对账单,与银行核对账目,编制银行存款余额调节表。

四、实训要求

(1) 根据经济业务【1】填制现金支票。

(2) 审核经济业务【1】至【8】的原始凭证,对存在问题的原始凭证提出解决方案后(填写本书最后一页"凭证审核、更正记录表",全书同),编制记账凭证。

(3) 根据记账凭证和原始凭证登记现金日记账和银行存款日记账。

(4) 月末结账。

(5) 核对银行存款日记账和银行对账单,编制银行存款余额调节表。

五、思政课堂

"榜一大哥"美梦的破碎

"90 后"的王某大学毕业后应聘至济南某公司做出纳,职责范围主要包括:编制资金日报,保管制单盾(网银盾)、银企直连 K 宝、支票支付密码等实物工具,在付款申请单签字完成后,对支付方式为银企的单据完成银企支付和资金划转等工作。

入职后,王某利用职务之便,挪用公款,把大笔钱用于游戏充值、直播打赏、酒吧消费、洗浴消费等。王某沉溺在手握巨额资金的虚荣感中无法自拔,赃款撑起来的面子让他渐渐迷失。至案发,王某挪用公款共计 4 800 余万元,其中直播打赏 2 000 余万元,游戏充值 1 000 余万元,给女朋友购置物品花了近 100 万元。

王某凭借一己之力就将公司资金玩弄于股掌之间,这家公司的财务制度无疑是存在漏洞的。然而公司的问题只是一个导火索,无尽的贪欲才是真正的内驱力。

打赏、游戏充值、包养情人……浮华之下,是一地泡沫。"美梦"醒后,等待这位"榜一大哥"的是巨额欠款和 12 年的牢狱之灾。

资料来源:山东商报·速豹新闻网,2022-3-8,《挪用公款 4800 万打赏女主播 "榜一哥"被判 12 年》,http://news.subaoxw.com/2022/baoyan_0328/43431.html。

请思考:

"榜一大哥"美梦的破碎对于我们有何警示?

六、实训原始凭证

凭证 1-1-1

<table>
<tr><td colspan="2">中国农业银行
现金支票存根
10303712
49860386</td><td colspan="2">中国农业银行　现金支票</td><td>10303712
49860386</td></tr>
<tr><td rowspan="6">烟台证券印制有限公司·2021年印制</td><td>附加信息
_____
_____</td><td colspan="3">出票日期(大写)　　年　月　日　　付款行名称：
收款人：　　　　　　　　　　出票人账号：</td></tr>
<tr><td></td><td colspan="3">人民币
(大写)　　　　　　　　　　亿千百十万千百十元角分</td></tr>
<tr><td>出票日期　年　月　日</td><td colspan="3">用 途
上列款项请从
我账户内支付</td></tr>
<tr><td>收款人：</td><td colspan="3">出票人签章　　　　　　　复核　　记账</td></tr>
<tr><td>金额：</td><td colspan="3"></td></tr>
<tr><td>用途：</td><td colspan="3"></td></tr>
<tr><td></td><td colspan="4">单位主管　张 丽　会计　李丰富</td></tr>
</table>

凭证 1-1-2

 中国农业银行 AGRICULTURAL BANK OF CHINA　　**网上银行电子回单**

电子回单号码：37600569453285851362

付款方	账 号	15376201040000182	收款方	账 号	
	户 名	烟台兴茂机械制造有限公司		户 名	
	开户行	中国农业银行烟台市莱山区支行		开户行	
金额（小写）		￥2,000.00	金额（大写）		贰仟元整
币种		人民币	交易渠道		BTER
摘要		备用金	凭证号		15376250000000142
交易时间		2021-05-04 10:25:16	会计日期		20210504
附言			提取备用金		

打印日期：2021-05-04

凭证 1-2-1

烟台兴茂机械制造有限公司差旅费报销单

填表日期：2021年5月7日

出差人姓名			刘星		所属部门			采购部
出差地点			上海		起止日期			自4月30日至5月5日，共5天
出差事由	购买转向灯							
交通及住宿费	种类	单据张数	开支金额	核准金额	出差补助费	种类	天数	标准	金额
	城市间交通费	2	1,308.00	1,308.00		伙食补贴	5	100.00	500.00
	住宿费	1	3,074.00	3,074.00		公杂补贴	5	50.00	250.00
	出租车费	1	215.00	215.00		现金付讫			
	小计		4,597.00	4,597.00		小计			750.00
金额合计		（大写）伍仟叁佰肆拾柒元整						¥5,347.00元
报销结算情况	原出差借款		¥5,000.00		报销金额			¥5,347.00
	退回金额				补发金额			¥347.00

经办人：刘星　　　财务经理：张 丽　　　　总经理：孔祥瑞　　　　出纳：王小刚

凭证 1-2-2

M065043	检票：一楼A7

烟台南 站　　D2926　上海虹桥 站
Yantainan　　　　　　Shanghaihongqiao

2021年04月30日07:34开　　02车07A号

¥654元　　　网　　　　一等座

限乘当日当次车

3706821989****3116　刘星

买票请到12306　发货请到95306
中国铁路祝您旅途愉快

17235300600612E06　　烟台南站售

凭证 1-2-3

M065952　　　　　　检票：二楼B7B8

上海虹桥 站　D2071 ↘ **烟台南** 站

Shanghaihongqiao　　　　　　Yantainan

2021年05月05日13:58开　01车03F号

￥654元　　　网　　　　一等座

限乘当日当次车

3706821989****3116　刘星

　　买票请到12306　发货请到95306
　　中国铁路祝您旅途愉快

16295300600613M05　　上海虹桥站售

凭证 1-2-4

 3100211130　　　**上海增值税专用发票**　　$\mathcal{N}o$ 07661486　3100211130

机器编号：　　　　　　　　　　　　　　　　　　　　　　　07661486
929903196465　　　　　　　　　　　　　　　　　　开票日期：2021年05月05日

购买方	名　称：	烟台兴茂机械制造有限公司		密码区	312578<>*9974>1<6<6>**58033 9053>15>4-<+>/00/><38+70/42 091>+-*93454115/+-+>6401/3/ -*2+88++5/320+6>0--+15+*<29			第二联：抵扣联　购买方抵扣凭证
	纳税人识别号：	913706129662088957						
	地址、电话：	烟台市莱山区港城街100号0535-6900119						
	开户行及账号：	中国农业银行烟台市莱山区支行15376201040000182						
货物或应税劳务、服务名称	规格型号	单位	数　量	单　价	金　额	税率	税　额	
*住宿服务*住宿费		天	5	580.0000000	2900	6%	174.00	
合　　计					￥2900.00		￥174	
价税合计（大写）	⊗叁仟零柒拾肆圆整				（小写）￥3074.00			
销售方	名　　称：	上海如家酒店管理有限公司		备注				
	纳税人识别号：	91310104745601660G						
	地址、电话：	上海市徐汇区上中路462号021-33373333						
	开户行及账号：	中国银行上海市徐汇区柳州路支行1042900001125670012						

收款人：王睿康　　　复核：张伟健　　　　开票人：孙明翰　　　销售方：（章）

凭证 1-2-5

上海增值税专用发票

发票联

№ 07661486　3100211130

3100211130

07661486

机器编号：929903196465

开票日期：2021年05月05日

购买方	名　　称：烟台兴茂机械制造有限公司 纳税人识别号：913706129662088957 地址、电话：烟台市莱山区港城街100号0535-6900119 开户行及账号：中国农业银行烟台市莱山区支行15376201040000182	密码区	312578<>*9974>1<6<6>**58033 9053>15>4-<+>/00/><38+70/42 091>+-*93454115/+-+>6401/3/ -*2+88++5/320+6>0--+15+*<29

第三联：发票联　购买方记账凭证

货物或应税劳务、服务名称	规格型号	单位	数量	单价	金　额	税率	税　额
*住宿服务*住宿费		天	5	580.0000000	2900	6%	174.00
合　　计					¥2900.00		¥174

价税合计（大写）	⊗叁仟零柒拾肆圆整	（小写）¥3074.00

销售方	名　　称：上海如家酒店管理有限公司 纳税人识别号：91310104745601660G 地址、电话：上海市徐汇区上中路462号021-33373333 开户行及账号：中国银行上海市徐汇区柳州路支行1042900001125670012	备注	上海如家酒店管理有限公司 91310104745601660G 发票专用章

收款人：王睿康　　　复核：张伟健　　　开票人：孙明翰　　　销售方：（章）

凭证 1-2-6

天津增值税电子普通发票

国家税务总局

发票代码：012002111311

发票号码：23423188

开票日期：2021年05月05日

校验码：58863 83939 22408 02831

机器编号：499099833610

购买方	名　　称：烟台兴茂机械制造有限公司 纳税人识别号：913706129662088957 地址、电话：烟台市莱山区港城街100号0535-6900119 开户行及账号：中国农业银行烟台市莱山区支行15376201040000182	密码区	1<6<6>--58033163523458/373>1 5>4-<+>/0<38+75628-+6++8+502 09>>+-*93+>23-+/>26401/3/427 5/320+6+*<2<>45+-0/-*2+88++2

货物或应税劳务、服务名称	规格型号	单位	数　量	单　价	金　额	税率	税　额
*运输服务*客运服务费		无	次	1	208.7400000	208.74	3%	6.26
合　　计					¥208.74		¥6.26

价税合计（大写）	⊗贰佰壹拾伍圆整	（小写）¥215.00

销货方	名　　称：滴滴出行科技有限公司 纳税人识别号：911201163409833307 地址、电话：天津经济技术开发区南港区服务楼C座 022-59002850 开户行及账号：招商银行天津自由贸易试验区分行122905939910401	备注	滴滴出行科技有限公司 911201163409833307 发票专用章

收款人：李文莉　　　复核：王磊　　　开票人：牛蕊　　　销售方：（章）

凭证 1-3-1

烟台兴茂机械制造有限公司暂支单

2021年05月08日　　　　　　　编号：　416

受 款 人	王开华		
暂支事由	预支差旅费		
暂支金额	人民币陆仟元整	￥5,000.00	银行付讫
预计归还日期	2021年5月13日	科目	其他应收款

财会主管：　张　丽　　　　　出纳：　王小刚　　　　受款人签字：　王开华

凭证 1-3-2

 中国农业银行　　　网上银行电子回单
AGRICULTURAL BANK OF CHINA

电子回单号码：37600569453286651149					
付款方	账 号	15376201040000182	收款方	账 号	6228480240463682886
	户 名	烟台兴茂机械制造有限公司		户 名	王开华
	开户行	中国农业银行烟台市莱山区支行		开户行	中国农业银行烟台市莱山区支行
金额（小写）	￥5,000.00		金额（大写）	伍仟元整	
币种	人民币		交易渠道	EBNK	
摘要	差旅费		凭证号	15376250000000113	
交易时间	2021-05-08 09:25:16		会计日期	20210508	
附言			差旅费借款		

打印日期：2021-05-08

凭证 1-4-1

中国农业银行
AGRICULTURAL BANK OF CHINA

结算业务申请书　　X Ⅶ 0478645578

申请日期：2021年05月16日

业务类型	□电汇 □信汇 □汇票 ☑本票 □其他		汇款方式	☑普通 □加急									
客户填写 申请人	全称	烟台兴茂机械制造有限公司	收款人	全称	重庆华宇机械有限公司								
	账号或地址	15376201040000182		账号或地址	31370334400005578								
	开户行名称	中国农业银行烟台市莱山区支行		开户行名称	工行重庆港湾路支行								

金额（大写）人民币　壹拾万元整

亿	千	百	十	万	千	百	十	元	角	分
	¥	1	0	0	0	0	0	0	0	0

上列款项及附加费用请从我行账户内支付

（财务专用章：烟台兴茂机械制造有限公司）（瑞孔印祥）

支付密码　2457-78411578-5478

附加信息及用途：

银行打印

会计主管：　　　　　复核：　　　　　记账：

第三联　回单联

凭证 1-4-2

付款期限 壹个月	中国农业银行 本票	2 地 E B 名 03　00000888

出票日期　贰零贰壹 年 零伍 月 壹拾陆 日 （大写）

收款人：重庆华宇机械有限公司	申请人：烟台兴茂机械制造有限公司

凭票即付	人民币（大写）	壹拾万元整	¥100 000.00

转账	现金		

备注：

（中国农业银行 102331002622 本票专用 银行签章）（王丽娜）

科目（付）＿＿＿＿＿＿＿
对方科目（收）＿＿＿＿＿＿＿
兑付日期　年　月　日
出纳　　复核　　经办

凭证 1-5-1

3100213130　上海增值税专用发票　№ 07630081　3100213130
07630081

抵扣联

机器编号：929903195574

开票日期：2021年05月19日

购买方	名　称：烟台兴茂机械制造有限公司 纳税人识别号：913706129662085201 地址、电话：烟台市莱山区港城街100号0535-6900119 开户行及账号：中国农业银行烟台市莱山区支行15376201040000182	密码区	1<6<6>**580331/373>63523458 ++8+505>4-<+>/0<38+75628-+6 09>>+-*93+>6401/3/4223-+/>2 -*2+88++5/320+6+*<2<>45+-0/

货物或应税劳务、服务名称	规格型号	单位	数量	单价	金　额	税率	税　额
*纸印刷品文教产品*A4打印纸		包	25	21.1328000	528.32	13%	68.68
合　计					¥528.32		¥68.68

价税合计（大写）	⊗伍佰玖拾柒元整	（小写）¥597.00

销售方	名　称：上海晨光文具股份有限公司 纳税人识别号：91310000677833266F 地址、电话：上海市奉贤区金钱公路349号 021-57474489 开户行及账号：工行上海市奉贤区支行310066290106100078	备注	上海晨光文具股份有限公司 91310000677833266F （销售方专用章）

收款人：张明磊　　　复核：邵文瀚　　　开票人：张明磊　　　销售方：（章）

第二联：抵扣联　购买方抵扣凭证

凭证 1-5-2

3100213130　上海增值税专用发票　№ 07630081　3100213130
07630081

发票联

机器编号：929903195574

开票日期：2021年05月19日

购买方	名　称：烟台兴茂机械制造有限公司 纳税人识别号：913706129662085201 地址、电话：烟台市莱山区港城街100号0535-6900119 开户行及账号：中国农业银行烟台市莱山区支行15376201040000182	密码区	1<6<6>**580331/373>63523458 ++8+505>4-<+>/0<38+75628-+6 09>>+-*93+>6401/3/4223-+/>2 -*2+88++5/320+6+*<2<>45+-0/

货物或应税劳务、服务名称	规格型号	单位	数量	单价	金　额	税率	税　额
*纸印刷品文教产品*A4打印纸		包	25	21.1328000	528.32	13%	68.68
合　计					¥528.32		¥68.68

价税合计（大写）	⊗伍佰玖拾柒元整	（小写）¥597.00

销售方	名　称：上海晨光文具股份有限公司 纳税人识别号：91310000677833266F 地址、电话：上海市奉贤区金钱公路349号 021-57474489 开户行及账号：工行上海市奉贤区支行310066290106100078	备注	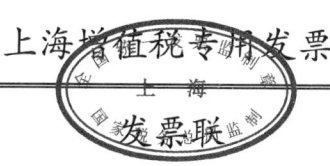上海晨光文具股份有限公司 91310000677833266F 发票专用章

收款人：张明磊　　　复核：邵文瀚　　　开票人：张明磊　　　销售方：（章）

第三联：发票联　购买方记账凭证

凭证 1-5-3

烟台兴茂机械制造有限公司内部领用单

领用部门	物品名称	单位	数量	单价	金额	领用日期	领用人签字
生产车间	A4打印纸	包	10	21.1328	211.33	2021-05-19	王佳成
行政管理部门	A4打印纸	包	5	21.1328	105.66	2021-05-19	宋成亮
财务部	A4打印纸	包	10	21.1328	211.33	2021-05-19	张丽

发料人：赵小英　　　　仓库主管：于传强　　　　制单：王小刚

凭证 1-5-4

 中国农业银行 AGRICULTURAL BANK OF CHINA　　　网上银行电子回单　　

电子回单号码：37600569453297971120

付款方	账 号	15376201040000182	收款方	账 号	310066290106100078
	户 名	烟台兴茂机械制造有限公司		户 名	上海晨光文具股份有限公司
	开户行	中国农业银行烟台市莱山区支行		开户行	工行上海市奉贤区支行
金额（小写）		¥597.00	金额（大写）		伍佰玖拾柒元整
币种		人民币	交易渠道		EBNK
摘要		办公用品费用	凭证号		15376201040000181
交易时间		2021-05-19 15:29:35	会计日期		20210519
附言			购买办公用品		中国农业银行股份有限公司 回单专用章

打印日期：2021-05-19

凭证 1-6

烟台兴茂机械制造有限公司
现金盘点报告表
2021年05月25日

填报单位：财务部

	面值	100元	50元	20元	10元	5元	2元	1元	5角	2角	1角	5分	2分	1分
实存金额	数量	6	8	5	2	11	0	8	1	0	2	0	1	4
	合计	￥1 183.76												
账存金额		￥1 177.76												
盈亏情况	盘盈金额	￥6.00												
	盘亏金额	——												
备注：		无法查明原因，准予转入"营业外收入"												

盘点人： 张 丽   出纳： 王小刚

凭证 1-7-1

烟台兴茂机械制造有限公司业务招待费报销单

报账日期：2021年05月29日

经办人	宋成亮	部门	办公室	职务	办公室主任
招待对象	济南宏创科技有限公司		人数		5
招待事由	到我公司视察指导工作				
陪同人员	宋成亮、罗鑫		人数		2
行号	招待费明细		数量	单价	金额
1	招待餐费		7	158.00	1106.00
2					
3					
合计（大写）：	壹仟壹佰零陆元整		7		￥1,106.00

经办人： 宋成亮   财务经理： 张 丽   总经理： 孔祥瑞   出纳： 王小刚

凭证 1-7-2

山东增值税电子普通发票

发票代码：037002100202
发票号码：20607732
开票日期：2021年05月29日
校验码：05341 66013 92120 34450

机器编号：499099889913

购买方	名　称：烟台兴茂机械制造有限公司 纳税人识别号：91370612966208520 1 地址、电话：烟台市莱山区港城街100号0535-6900119 开户行及账号：中国农业银行烟台市莱山区支行15376201040000182	密码区	1<6<6>**580331/373>63523904 ++8+505>4-<+>/0<38+75626821 09>>+-*93+>6401/3/4223-09>0 -*2+88+5/320+6+*<2<>45+90/

货物或应税劳务、服务名称	规格型号	单位	数量	单价	金额	税率	税额
*餐饮服务*餐费		位	7	158.0000000	1,106.00	免税	***
合　计					¥1106.00		***

价税合计（大写）　⊗壹仟壹佰零陆元整　　（小写）¥1106.0

销货方	名　称：必胜客披萨饼有限公司烟台大悦城店 纳税人识别号：91370600312788909W 地址、电话：烟台市芝罘区北马路150号 0535-5567235 开户行及账号：中国民生银行烟台市芝罘区支行170058092	备注	

收款人：牛文涛　复核：朱亚萍　开票人：赵淑琴　销售方：（章）

凭证 1-7-3

 中国农业银行　　网上银行电子回单
AGRICULTURAL BANK OF CHINA

电子回单号码：37600569453286642357				
付款方	账号	15376201040000182	账号	6228480240463682926
	户名	烟台兴茂机械制造有限公司	收款方　户名	宋成亮
	开户行	中国农业银行烟台市莱山区支行	开户行	中国农业银行烟台市莱山区支行
金额（小写）	¥1,106.00		金额（大写）	壹仟壹佰零陆元整
币种	人民币		交易渠道	EBNK
摘要	转账付款		凭证号	15376250000000113
交易时间	2021-05-29 09:35:17		会计日期	20210529
附言		报销招待费		

打印日期：2021-05-29

凭证 1-8-1

中国农业银行烟台市莱山区支行对账单

户名： 烟台兴茂机械制造有限公司　　　　　　　　　　打印日期：2021年6月4日　第1页

账号： 15376201040000182

日　期	摘　要	借方发生额	贷方发生额	余　额
20210501	期初余额			1979307.72
20210504	提取现金	2000.00		1977307.72
20210508	差旅费借款	5000.00		1972307.72
20210516	办理银行本票	100000.00		1872307.72
20210519	网银支付	597.00		1871710.72
20210526	代扣电费	2038.00		1869672.72
20210529	网银支付	1106.00		1868566.72
20210531	委托收款		226000.00	2094566.72

凭证 1-8-2

银 行 存 款 余 额 调 节 表

年　　　　月　　　　日　　　　　　　　　　　　单位：元

项　目	金　额	备　注	项　目	金　额	备　注
企业银行存款日记账余额			银行对账单余额		
加：银行已收企业未收			加：企业已收银行未收		
小　计			小　计		
减：银行已付企业未付			减：企业已付银行未付		
小　计			小　计		
调整后余额			调整后余额		

实训二　往来会计岗

一、往来会计岗位职责

往来会计的具体岗位职责如下:

(1) 执行往来结算清算办法,防止坏账损失。对应收、应付等往来款项建立必要的清算制度,严格清算手续,加强管理,及时查对询证,及时清算。

(2) 办理往来款项的结算业务。对应收、应付等往来款项,及时催收结算。对于确实无法收回或支付的往来款项,及时查明原因,报经领导批准后按规定进行处理。

(3) 负责往来款项的明细核算。对应收、应付等往来款项,按往来单位和个人分设明细账,根据审核无误的原始凭证和记账凭证逐笔顺序进行登记,并做到经常核对余额,定期向往来账客户发送余额对账单,期末及时准确编制相关报表。

(4) 定期汇总赊销客户和供应商的信誉情况,随时与销售部、采购部保持沟通,及时上报往来款项中发现的问题,确保客户管理正常有序进行。

(5) 按规定核算坏账。根据备抵法要求,对于企业发生的坏账、收回的坏账及期末坏账准备的计提或转回,及时进行账务处理。

(6) 完成领导交办的其他工作。

二、实训目的

(1) 掌握应收、应付等往来款项的核算方法。

(2) 掌握坏账的核算方法。

(3) 掌握应收、应付等往来款项总分类账簿和明细分类账簿的登记方法。

三、实训资料

2021 年 6 月,烟台兴茂机械制造有限公司往来款项、坏账准备、信用减值损失账户期初余额如表 2-1 所示。

表 2-1　2021 年 6 月往来款项、坏账准备、信用减值损失账户期初余额

总账科目	明细科目	借贷方向	期初余额	账户格式
应收账款	济南信达汽车配件有限公司	借	475 128.00	三栏式
	泰安嘉华汽车配件有限公司	借	836 737.00	三栏式
	青岛兴达汽车配件有限公司	借	27 000.00	三栏式
	威海东恒公司	借	33 900.00	三栏式

（续表）

总账科目	明细科目	借贷方向	期初余额	账户格式
应收票据	银行承兑汇票——泰安嘉华汽车配件有限公司	平	0.00	三栏式
	商业承兑汇票——威海东恒公司	借	450 000.00	三栏式
	银行承兑汇票——烟台三立有限公司	借	600 000.00	三栏式
预付账款	上海东方汽车杂志社	平	0.00	三栏式
应付账款	中通工业集团	贷	71 416.00	三栏式
应付票据	商业承兑汇票——烟台伟业有限公司	贷	392 837.00	三栏式
	商业承兑汇票——中通工业集团	贷	39 612.00	三栏式
合同负债	济宁东方专用车有限公司	贷	10 000.00	三栏式
	山东华顺汽车配件有限公司	平	0.00	三栏式
坏账准备	—	贷	68 638.25	三栏式

注：本书中往来单位名称使用的是全称，实务工作中通常使用简称。

2021 年 6 月，烟台兴茂机械制造有限公司发生的与往来会计岗相关的经济业务如下：

【1】　3 日，收到济南信达汽车配件有限公司签发金额为 336 700 元的转账支票一张，用来偿还上月购货所欠货款，支票已存入中国农业银行。

提示：转账支票送存银行后，不再作为原始凭证。

【2】　6 日，收到泰安嘉华汽车配件有限公司签发的电子银行承兑汇票一张，付讫上月所欠的购货款，金额为 152 000 元，到期日为 2021 年 11 月 6 日，电子汇票已在网银中签收。

【3】　8 日，威海东恒公司 2021 年 2 月 8 日签发的电子商业承兑汇票到期，金额为 450 000 元，向其提示付款遭到拒付。

【4】　10 日，收到济宁东方专用车有限公司通过网银转账支付的 50 000 元，系订购制动器总成的预付款。

【5】　12 日，因青岛兴达汽车配件有限公司破产，应收该公司 27 000 元不能收回，经批准确认为坏账并予以核销。

【6】　15 日，向中通工业集团签发有效期为 3 个月的电子商业承兑汇票，金额为 71 416 元，偿还前欠货款。

【7】　19 日，与山东华顺汽车配件有限公司签订销售合同，销售 200 件转向灯给山东华顺汽车配件有限公司，合同价款（含税）共计 64 000 元。合同规定购买方预付款 30%，收到转账支票，系山东华顺汽车配件有限公司支付的预付款。公司当日将转账支票存入银行。

提示：转账支票送存银行后，不再作为原始凭证。

【8】　21 日，收回已确认为坏账的青岛兴达汽车配件有限公司应收账款的 20%，金额

为 5 400 元,款项已存入中国农业银行。

【9】 22 日,公司于 2021 年 3 月 22 日签发给烟台伟业有限公司的电子商业承兑汇票到期,收到持票人发来的付款提示,我公司支付票款 280 000 元。

【10】 25 日,签发转账支票一张,预付上海东方汽车杂志社下半年汽车杂志费 4 200 元,收到上海东方汽车杂志社开出的增值税专用发票,列示价款 3 853.21 元,增值税额 346.79 元。

【11】 28 日,将烟台三立有限公司 2021 年 4 月 15 日签发的银行承兑汇票向中国农业银行贴现。该汇票面值 450 000 元,有效期为 6 个月,银行年贴现率为 3.6%。银行扣除贴现利息 4 905 元,将剩余款项 445 095 元划转公司银行账户。

提示:银行承兑汇票贴现视为不带追索权的票据贴现,可以终止确认"应收票据"。贴现款的计算如下:①计算票据到期值=450 000(元)。②计算贴现息。票据贴现天数=(30-28)+31+31+30+15=109(天);票据贴现息=450 000×(3.6%÷360)×109=4 905(元)。③计算贴现款=450 000-4 905=445 095(元)。

【12】 30 日,按照应收账款余额的 5% 确定期末坏账准备金额。

提示:坏账准备计提可以使用"三部曲法",具体如下:①计算期末计提或转回后坏账准备应有余额=应收账款期末余额×坏账准备计提率。②计算期末计提或转回前坏账准备实有金额=坏账准备期初余额+本期收回的坏账-本期发生的坏账。③计算本期应计提或转回的坏账准备金额=期末计提或转回后坏账准备应有余额-期末计提或转回前坏账准备实有金额。

四、实训要求

(1) 设置往来结算账户总账和明细账,包括"应收账款""应收票据""预付账款""应付账款""应付票据""合同负债""坏账准备",登记期初余额。

(2) 填制并审核经济业务【1】至【12】的原始凭证,对存在问题的原始凭证提出解决方案后,编制记账凭证。

(3) 根据经济业务【1】至【12】的记账凭证和原始凭证登记往来相关明细分类账和总分类账。

(4) 月末结账。

五、思政课堂

容百科技"喊冤":比克动力"爽约",商票到期不予兑付

2019 年 11 月 6 日,容百科技因重大事项需进一步核实而停牌。

2019 年 11 月 7 日,容百科技公告称,截至当时公司对比克动力的应收账款及应收票据合计 2.08 亿元,含商业承兑汇票 7 002.84 万元,而逾期账款及已到期未兑付汇票合计

2.06 亿元,存在无法回收的风险,这些应收账款有一半以上账龄在 1 年以内。2.06 亿元这一数据已接近容百科技 2018 年的归母净利润 2.13 亿元,远大于其 2019 年前三季度归属于上市公司股东的净利润 1.59 亿元。

2019 年 11 月 7 日,公司股价应声下跌,当日最低价已低于其 26.62 元/股的 IPO 发行价,宣告破发。

2019 年 11 月 15 日,容百科技发布催收进展公告称,比克动力未能按协议于 11 月 15 日之前向公司支付第一期还款 3 500 万元。截至公告日,容百科技对比克动力的应收余额仍高达 2.13 亿元,公司拟对其中 2.02 亿元应收账款补充计提 5 678.35 万元的坏账准备,将直接影响公司当期损益,减少当年净利 4 826.60 万元。

资料来源:每日经济新闻,2019-11-26,《容百科技"喊冤":比克动力商票到期才发现无法兑付》,https://www.sohu.com/a/356673561_115362。

请思考:

1. 什么是商业承兑汇票?

2. 请从诚信与风险管控的角度谈谈你对比克动力"爽约"和容百科技"喊冤"的认识。

六、实训原始凭证

凭证 2-1-1（复印件）

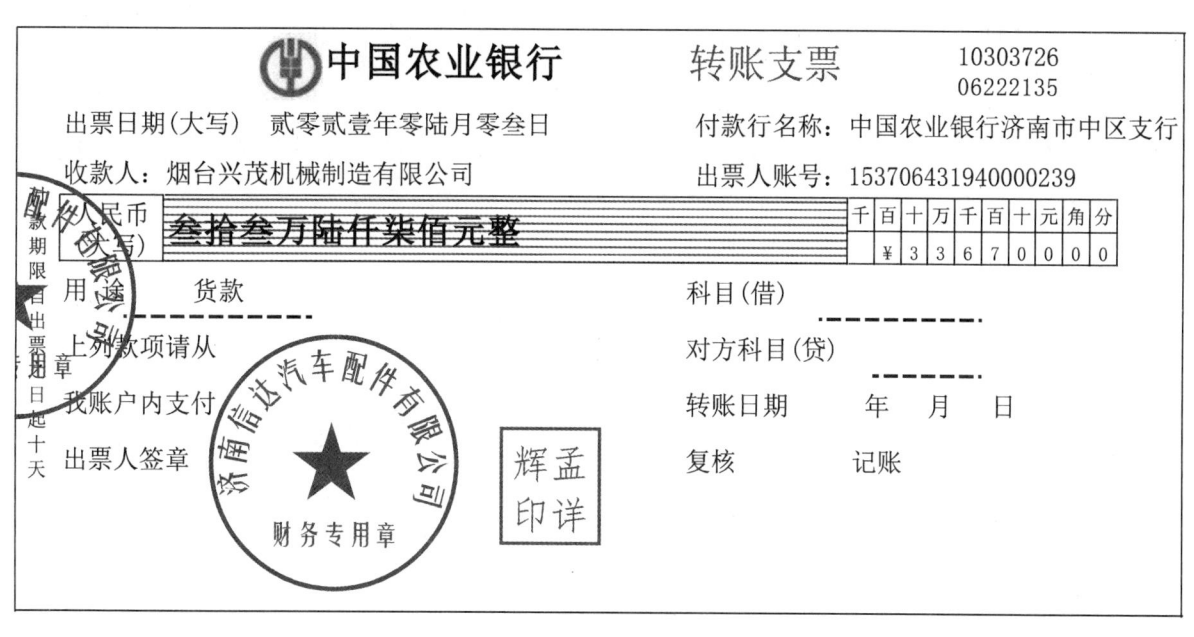

凭证 2-1-2

中国农业银行 进账单（回单）

2021 年 06 月 03 日

出票人	全称	济南信达汽车配件有限公司	收款人	全称	烟台兴茂机械制造有限公司												此联是开户银行交给持票人的回单
	账号	153706431940000239		账号	15376201040000182												
	开户银行	中国农业银行济南市中区支行		开户银行	中国农业银行烟台市莱山区支行												
金额	人民币（大写）	叁拾叁万陆仟柒佰元整		已受理		亿	千	百	十	万	千	百	十	元	角	分	
							¥	3	3	6	7	0	0	0	0	
票据种类	支票	票据张数	1														
票据号码	06222135																

凭证 2-1-3

✂ - ✂

 中国农业银行　　　　网上银行电子回单

AGRICULTURAL BANK OF CHINA

电子回单号码：37650221492627546239						
付款方	账　号	153706431940000239	收款方	账　号	15376201040000182	
	户　名	济南信达汽车配件有限公司		户　名	烟台兴茂机械制造有限公司	
	开户行	中国农业银行济南市中区支行		开户行	中国农业银行烟台市莱山区支行	
金额（小写）		￥336,700.00	金额（大写）		叁拾叁万陆仟柒佰元整	
币种		人民币	交易渠道		ACIS	
摘要		转账收款	凭证号		15376200050004367	
交易时间		2021-06-03　11:15:46	会计日期		20210603	
附言			转账支票收款			

打印日期：2021-06-03

✂ - ✂

凭证 2-2

✂ - ✂

 中国农业银行　　　　电子银行承兑汇票

AGRICULTURAL BANK OF CHINA

出票日期：2021-06-06　　　　　　　　　　　　票据状态：已签收
汇票到期日：2021-11-06　　　　　　　　　　　票据号码：13134560882022018062521266434

出票人	账　号	15375568900002364	收款方	账　号	15376201040000182	
	全　称	泰安嘉华汽车配件有限公司		全　称	烟台兴茂机械制造有限公司	
	开户行	中国农业银行泰安市分行龙泽支行		开户行	中国农业银行烟台市莱山区支行	
	开户行号	103463051810		开户行号	103456039410	
出票人保证信息	保证人账号：		保证人开户行：			
	保证人名称：		保证人开户行号：			
票据金额	小写：152000.00		人民币（大写）：壹拾伍万贰仟元整			
承兑人	承兑人账号：0		承兑人开户行：中国农业银行泰安市分行龙泽支行			
	承兑人名称：中国农业银行泰安市分行龙泽支行		承兑人开户行号：103456035024			
交易合同号：	—		承兑信息	出票人承诺：本汇票请予以承兑，到期无条件付款		
是否可转让：	可再转让			承兑人承兑：本汇票已经承兑，到期无条件付款		
				承兑日期　2021-06-06		
承兑人保证信息	保证人账号：		保证人开户行：			
	保证人名称：		保证人开户行号：			
评级信息	出票人	评级主体：同安农行	信用等级：A	评级到期日：2022-03-06		
备注：						

✂ - ✂

凭证 2-3

 中国农业银行   **电子商业承兑汇票**

AGRICULTURAL BANK OF CHINA

出票日期：2021-02-08   票据状态：提示付款已拒付

汇票到期日：2021-06-08   票据号码：13134560882021091562547221 1669

出票人	账 号	15376201132000775	收款方	账 号	15376201040000182
	全 称	威海东恒公司		全 称	烟台兴茂机械制造有限公司
	开户行	中国农业银行威海环翠支行		开户行	中国农业银行烟台市莱山区支行
	开户行号	103368132559		开户行号	103456039410
出票人保证信息	保证人账号： 保证人名称：			保证人开户行： 保证人开户行号：	
票据金额	小写：450000.00			人民币（大写）：肆拾伍万元整	
承兑人	承兑人账号：15376201132000775 承兑人名称：威海东恒公司			承兑人开户行：中国农业银行威海环翠支行 承兑人开户行号：103368132559	
交易合同号：	—		承兑信息	出票人承诺：本汇票请予以承兑，到期无条件付款	
是否可转让：	可再转让			承兑人承兑：本汇票已经承兑，到期无条件付款 承兑日期 2021-02-08	
承兑人保证信息	保证人账号： 保证人名称：			保证人开户行： 保证人开户行号：	
评级信息	出票人	评级主体：同安农行		信用等级：A	评级到期日：2021-08-31
备注：					

凭证 2-4

 中国农业银行   **网上银行电子回单**

AGRICULTURAL BANK OF CHINA

电子回单号码：37650221493351792285					
付款方	账 号	15374861006006161	收款方	账 号	15376201040000182
	户 名	济宁东方专用车有限公司		户 名	烟台兴茂机械制造有限公司
	开户行	中国农业银行济宁任城支行		开户行	中国农业银行烟台市莱山区支行
金额（小写）	¥50,000.00		金额（大写）	伍万元整	
币种	人民币		交易渠道	EBNK	
摘要	预付货款		凭证号	15376206201042218	
交易时间	2021-06-10 09:11:37		会计日期	20210610	
附言			预付货款		

打印日期：2021-06-10

凭证 2-5

坏账审批单

单位：烟台兴茂机械制造有限公司　　　　　　　　　　所属期间：2021年06月

项目	公司名称	对方科目	交易日期	坏账原因	坏账日期	金额
坏账准备	青岛兴达汽车配件有限公司	应收账款	2018/3/24	公司破产	2021/6/12	27 000.00
合计	—	—	—	—	—	27 000.00

会计：　李丰富　　　销售经理：　徐瑞诚　　　财务经理：　张 丽　　　总经理：　孔祥瑞

凭证 2-6

 中国农业银行 　　　**电子商业承兑汇票**
AGRICULTURAL BANK OF CHINA

出票日期：2021-06-15　　　　　　　　票据状态：已签收
汇票到期日：2021-09-15　　　　　　　票据号码：13134560882021091562547887113 6

出票人	账号	15376201040000182	收款方	账号	153761010600003384983
	全 称	烟台兴茂机械制造有限公司		全 称	中通工业集团
	开户行	中国农业银行烟台市莱山区支行		开户行	中国农业银行牟平区支行
	开户行号	103456039410		开户行号	103456038658
出票人保证信息	保证人账号： 保证人名称：		保证人开户行： 保证人开户行号：		
票据金额	小写：71416.00		人民币（大写）：柒万壹仟肆佰壹拾陆元整		
承兑人	承兑人账号：15376201040000182 承兑人名称：烟台兴茂机械制造有限公司		承兑人开户行：中国农业银行烟台市莱山区支行 承兑人开户行号：103456039410		
交易合同号：	—		出票人承诺：本汇票请予以承兑，到期无条件付款		
是否可转让：	可再转让		承兑信息	承兑人承兑：本汇票已经承兑，到期无条件付款 　　　　　　　　　　　承兑日期　2021-06-15	
承兑人保证信息	保证人账号： 保证人名称：		保证人开户行： 保证人开户行号：		
评级信息	出票人	评级主体：同安农行	信用等级：A	评级到期日：2021-11-23	
备注：					

凭证 2-7-1（复印件）

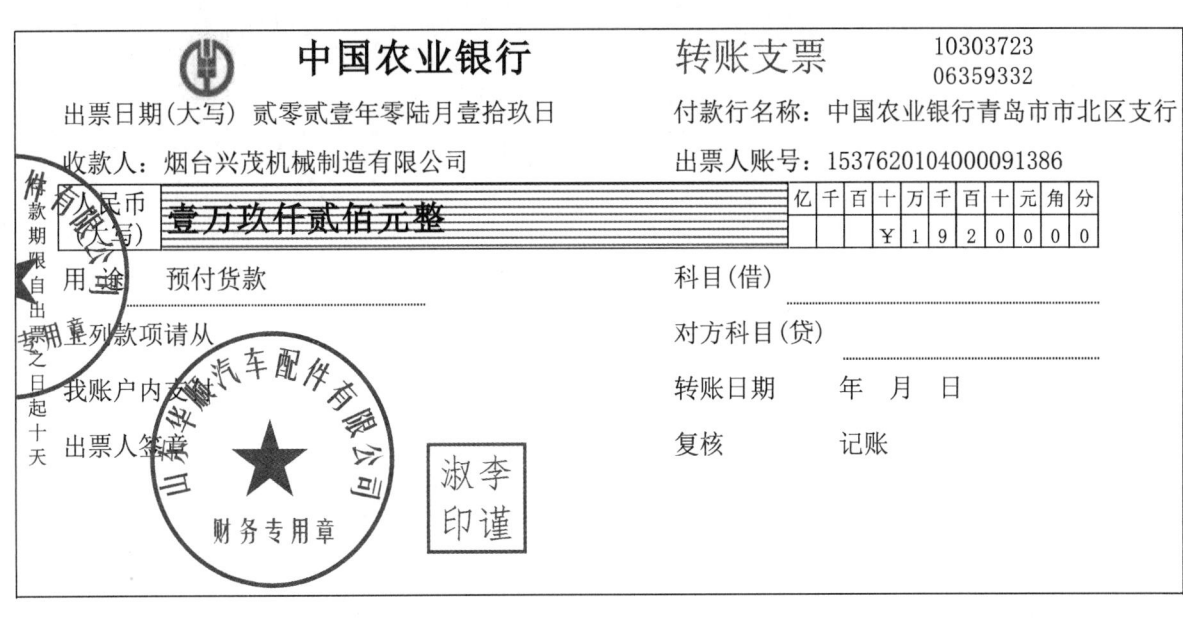

中国农业银行　转账支票　10303723　06359332

出票日期（大写）贰零贰壹年零陆月壹拾玖日

付款行名称：中国农业银行青岛市市北区支行

收款人：烟台兴茂机械制造有限公司

出票人账号：1537620104000091386

人民币（大写）壹万玖仟贰佰元整　¥19200000

用途　预付货款

科目（借）

对方科目（贷）

转账日期　年　月　日

复核　　　记账

财务专用章

淑李印谨

付款期限自出票之日起十天

上列款项请从我账户内支付

出票人签章

凭证 2-7-2

中国农业银行　进账单（回单）

2021年 06月19日

出票人	全称	山东华顺汽车配件有限公司	收款人	全称	烟台兴茂机械制造有限公司	亿	千	百	十	万	千	百	十	元	角	分
	账号	1537620104000091386		账号	1537620104000000182											
	开户银行	中国农业银行青岛市市北区支行		开户银行	中国农业银行烟台市莱山区支行											
金额	人民币（大写）	壹万玖仟贰佰元整	已受理				¥	1	9	2	0	0	0	0	0	
票据种类	支票	票据张数	1													
票据号码	06359332															

此联是开户银行交给持票人的回单

凭证 2-7-3

 中国农业银行　　　网上银行电子回单
AGRICULTURAL BANK OF CHINA

电子回单号码：37650221492611439579

付款方	账　号	1537620104000091386	收款方	账　号	15376201040000182
	户　名	山东华顺汽车配件有限公司		户　名	烟台兴茂机械制造有限公司
	开户行	中国农业银行青岛市市北区支行		开户行	中国农业银行烟台市莱山区支行
金额（小写）		￥19,200.00	金额（大写）		壹万玖仟贰佰元整
币种		人民币	交易渠道		ACIS
摘要		转账收款	凭证号		15376206201040012
交易时间		2021-06-19　14:38:26	会计日期		20210619
附言			转账支票收款		

打印日期：2021-06-19

凭证 2-8

 中国农业银行　　　网上银行电子回单
AGRICULTURAL BANK OF CHINA

电子回单号码：37600569453261610557

付款方	账　号	6227459033361346878	收款方	账　号	15376201040000182
	户　名	青岛兴达汽车配件有限公司		户　名	烟台兴茂机械制造有限公司
	开户行	中国银行青岛市四方区支行		开户行	中国农业银行烟台市莱山区支行
金额（小写）		￥5,400.00	金额（大写）		伍仟肆佰元整
币种		人民币	交易渠道		EBNK
摘要		转账存款	凭证号		15376206201041936
交易时间		2021-06-21　09:11:52	会计日期		20210621
附言			破产清算支付货款		

打印日期：2021-06-21

凭证 2-9-1

 中国农业银行 **电子商业承兑汇票**
AGRICULTURAL BANK OF CHINA

出票日期：2021-03-22　　　　　　　　　　　票据状态：已签收
汇票到期日：2021-06-22　　　　　　　　　　票据号码：13134560882021091562547112115

出票人	账　号	15376201040000182	收款方	账　号	15376101060000333384559
	全　称	烟台兴茂机械制造有限公司		全　称	烟台伟业有限公司
	开户行	中国农业银行烟台市莱山区支行		开户行	中国农业银行牟平区支行
	开户行号	103456039410		开户行号	103456038628
出票人保证信息	保证人账号： 保证人名称：		保证人开户行： 保证人开户行号：		
票据金额	小写：280000.00		人民币（大写）：贰拾捌万元整		
承兑人	承兑人账号：15376201040000182 承兑人名称：烟台兴茂机械制造有限公司		承兑人开户行：中国农业银行烟台市莱山区支行 承兑人开户行号：103456039410		
交易合同号：	－		承兑信息	出票人承诺：本汇票请予以承兑，到期无条件付款 承兑人承兑：本汇票已经承兑，到期无条件付款 　　　　　　　　　　　　　　承兑日期　2021-03-22	
是否可转让：	可再转让				
承兑人保证信息	保证人账号： 保证人名称：		保证人开户行： 保证人开户行号：		
评级信息	出票人	评级主体：同安农行	信用等级：A	评级到期日：2021-11-23	
备注：					

凭证 2-9-2

 中国农业银行 **网上银行电子回单**
AGRICULTURAL BANK OF CHINA

电子回单号码：37650359492755193362

付款方	账　号	15376201040000182	收款方	账　号	15376101060000333384559
	户　名	烟台兴茂机械制造有限公司		户　名	烟台伟业有限公司
	开户行	中国农业银行烟台市莱山区支行		开户行	中国农业银行牟平区支行
金额（小写）	¥280,000.00		金额（大写）	贰拾捌万元整	
币种	人民币		交易渠道	HRMS	
摘要	承付商业汇票		凭证号	15376202201012311	
交易时间	2021-06-22　11:16:08		会计日期	20210622	
附言		商业汇票到期承付			

打印日期：2021-06-22

凭证 2-10-1

中国农业银行
转账支票存根
10303726
49134213

烟台证券印制有限公司 · 2021年印制

附加信息

出票日期 2021年06月25日

收款人： 上海东方汽车杂志社

金额： ¥4 200.00

用途： 报刊订阅费

单位主管　张 丽　会计　李丰富

凭证 2-10-2

 中国农业银行　网上银行电子回单
AGRICULTURAL BANK OF CHINA

电子回单号码：37600569453110062429

	账　号	15376201040000182		账　号	31280314300007566
付款方	户　名	烟台兴茂机械制造有限公司	收款方	户　名	上海东方汽车杂志社
	开户行	中国农业银行烟台市莱山区支行		开户行	中国农业银行上海新城路支行
金额（小写）		¥4,200.00	金额（大写）		肆仟贰佰元整
币种		人民币	交易渠道		BTER
摘要		报刊费	凭证号		15376202201830926
交易时间		2021-06-25 08:25:11	会计日期		20210625
附言			预付报刊费		中国农业银行股份有限公司 回单专用章

打印日期：2021-06-25

凭证 2-10-3

3100216130　　上海增值税专用发票　　№ 12654714　3100216130
抵扣联　　　　　　　　　　　　　　　　　12654714

机器编号：929702285685　　　　　　　　开票日期：2021年06月25日

购买方	名　称：烟台兴茂机械制造有限公司 纳税人识别号：913706129662088957 地址、电话：烟台市莱山区港城街100号0535-6900119 开户行及账号：中国农业银行烟台市莱山区支行15376201040000182	密码区	00>5+3<-050-/23/971*-/108*56 <<+6/-6/536+>95>578/00/8*13+ 145993+4145/+>6401/3/45-+-6 244*3-7*647/++0110>00398+/+1

货物或应税劳务、服务名称	规格型号	单位	数量	单价	金额	税率	税额
*杂志费		本	24	160.5504167	3853.21	9%	346.79
合　计					¥3853.21		¥346.79

价税合计（大写）　⊗肆仟贰佰圆整　　　　　　（小写）¥4200.00

销售方	名　称：上海东方汽车杂志社 纳税人识别号：91310115132351612J 地址、电话：浦东新区泥城镇新城路14号021-52690541 开户行及账号：中国农业银行上海新城路支行31280314300007566	备注	

收款人：郭天慧　　复核：郭天慧　　开票人：陈宇鹏　　销售方：（章）

凭证 2-10-4

3100216130　　上海增值税专用发票　　№ 12654714　3100216130
发票联　　　　　　　　　　　　　　　　　12654714

机器编号：929702285685　　　　　　　　开票日期：2021年06月25日

购买方	名　称：烟台兴茂机械制造有限公司 纳税人识别号：913706129662088957 地址、电话：烟台市莱山区港城街100号0535-6900119 开户行及账号：中国农业银行烟台市莱山区支行15376201040000182	密码区	00>5+3<-050-/23/971*-/108*56 <<+6/-6/536+>95>578/00/8*13+ 145993+4145/+>6401/3/45-+-6 244*3-7*647/++0110>00398+/+1

货物或应税劳务、服务名称	规格型号	单位	数量	单价	金额	税率	税额
*杂志费		本	24	160.5504167	3853.21	9%	346.79
合　计					¥3853.21		¥346.79

价税合计（大写）　⊗肆仟贰佰圆整　　　　　　（小写）¥4200.00

销售方	名　称：上海东方汽车杂志社 纳税人识别号：91310115132351612J 地址、电话：浦东新区泥城镇新城路14号021-52690541 开户行及账号：中国农业银行上海新城路支行31280314300007566	备注	

收款人：郭天慧　　复核：郭天慧　　开票人：陈宇鹏　　销售方：（章）

凭证 2-11-1（复印件）

银行承兑汇票

出票日期　贰零贰壹 年　零肆 月　壹拾伍 日
（大写）

2 B B 01 20214587

出票人全称	烟台三立有限公司	收款人	全　称	烟台兴茂机械制造有限公司
出票人账号	15376105130000219		账　号	15376201040000182
付款人全称	中国农业银行牟平区西关分理处		开户银行	中国农业银行烟台市莱山区支行

出票金额	人民币（大写）　肆拾伍万元整	亿 千 百 十 万 千 百 十 元 角 分 ¥ 4 5 0 0 0 0 0 0

汇票到期日（大写）	贰零贰壹年零壹拾月壹拾伍日	付款行	行号 2342173
承兑协议编号 355232			地址　山东省烟台市牟平区北关大街646号

本汇票请你行承兑　到期无条件汇款。

本汇票已经承兑，分到期日由本行付款。

103456034091

出票人签章

（财务专用章）

汇票专用章

备注：　　　　　　　　复核　　　记账

凭证 2-11-2

贴现凭证（收账通知）

填写日期：2021年06月28日

贴现汇票	种　类	银行承兑汇票	号　码	20214587	申请人	名　称	烟台兴茂机械制造有限公司
	出票日	2021年04月15日				账　号	15376201040000182
	到期日	2021年10月15日				开户银行	中国农业银行烟台市莱山区支行

汇票承兑人（或银行）	名称	中国农业银行牟平区西关分理处	账号	103645039611	开户银行	中国农业银行牟平区西关分理处

汇票金额	人民币（大写）　肆拾伍万元整	千 百 十 万 千 百 十 元 角 分 ¥ 4 5 0 0 0 0 0 0

贴现率 3.00%	贴现利息	千 百 十 万 千 百 十 元 角 分 ¥ 4 9 0 5 0 0	实付贴现金额	千 百 十 万 千 百 十 元 角 分 ¥ 4 4 5 0 9 5 0 0

附送承兑汇票申请贴现，请此致贴现银行

审核　　　　　　　　　　　申请人签章

（财务专用章）

备注：

中国农业银行烟台市莱山区支行

凭证 2-11-3

 中国农业银行 网上银行电子回单
AGRICULTURAL BANK OF CHINA

电子回单号码：37600569453351162518					
付款方	账 号	15386201940053010	收款方	账 号	15376201040000182
	户 名	中国农业银行烟台莱山区支行		户 名	烟台兴茂机械制造有限公司
	开户行	3862		开户行	中国农业银行烟台市莱山区支行
金额（小写）		¥445,095.00	金额（大写）		肆拾肆万伍仟零玖拾伍元整
币种		人民币	交易渠道		BTER
摘要		贴现	凭证号		15376202003434122
交易时间		2021-06-28 17:03:11	会计日期		20210628
附言			票据贴现款	中国农业银行股份有限公司 回单专用章	

打印日期：2021-06-28

凭证 2-12

坏 账 准 备 计 提 表

年　月　日

单位财务 烟台兴茂机械制造有限公司 财务专用章　　　　　　　　　　　　　　　　　　　　金额单位：元

项目	金额	项目	金额
应收账款期初余额		坏账准备期初余额	
应收账款本期增加金额		坏账准备本期增加金额	
应收账款本期减少金额		坏账准备本期减少金额	
应收账款期末余额		期末计提或转回前坏账准备实有金额	
坏账准备计提率		本期应计提或转回的坏账准备	
期末计提或转回后坏账准备应有余额			

会计：　　　　　　　　　　　　　　　　　　　　　财务主管：

实训三 存货与成本会计岗

一、存货与成本会计岗位职责

存货与成本会计的具体岗位职责如下：

(1) 在财务经理的领导下,按照国家财会法规、公司财务制度,会同各部门拟定存货与成本核算的实施细则。

(2) 负责存货核算工作,内容包括：①配合有关部门制定材料计划成本,编制材料计划成本目录,对材料实行计划成本计价核算。②按规定及时整理、编制、录入商品信息。③审查采购计划,控制采购成本,避免盲目采购。④负责存货收发原始凭证的审核、账务处理和明细核算,保证账账、账实相符。⑤参与存货盘点,分析、上报存货积压情况,处理清查账务。⑥了解存货减值情况,计提存货跌价准备。

(3) 负责成本核算工作,内容包括：①熟悉生产工艺,制定各产品的目标成本。②了解和掌握各部门、各工序的目标成本控制指标,将目标成本控制分解到班组,并监督实施。③审核成品入库及发货单据,为成本核算做好准备工作。④正确计算产品成本,及时提供成本信息。

(4) 完成领导交办的其他工作。

二、实训目的

(1) 了解存货清查的要求及方法。
(2) 掌握计划成本法下材料入库、出库及差异分配的核算方法。
(3) 掌握产品成本的核算方法。
(4) 掌握存货清查的核算方法。
(5) 掌握存货与成本相关总分类账簿和明细分类账簿的登记方法。

三、实训资料

2021 年 3 月 1 日,公司存货期初余额与计划成本资料如表 3-1 所示。

表 3-1 2021 年 3 月存货期初余额与计划成本

总账	明细	计量单位	计划成本	余额方向	期初余额		
					数量	单价	金额
材料采购	钢板	吨	—	平	0	—	0.00
	铝合金	吨	—	平	0	—	0.00
	包装盒	个	—	借	2 500	2.10	5 250.00

（续表）

总账	明细	计量单位	计划成本	余额方向	期初余额		
					数量	单价	金额
原材料	钢板	吨	3 500.00	借	35	—	122 500.00
	铝合金	吨	13 300.00	借	5.50	—	73 150.00
周转材料	低值易耗品（包装盒）	个	2.00	借	340	—	680.00
库存商品	抗性消音器	件	—	借	1 160	245.50	284 780.00
	铝合金油箱	件	—	借	429	382.60	164 135.40
	有源消音器	件	—	平	0	—	0.00
材料成本差异	钢板	—	—	贷			683.50
	铝合金	—	—	借			1 973.00
	包装盒	—	—	平			0.00
存货跌价准备	有源消音器	—	—	平			0.00

2021年3月1日,公司委托加工物资三栏式账户期初余额为0,生产成本多栏式账户期初余额资料如表3-2所示。

表3-2 2021年3月生产成本多栏式账户期初余额

明细	直接材料	直接动力	直接人工	制造费用	合　计
抗性消音器	148 352.77	1 618.46	35 487.26	27 546.12	213 004.61
铝合金油箱	33 931.72	573.58	10 785.39	9 893.17	55 183.86

2021年3月,烟台兴茂机械制造有限公司发生的存货与成本会计岗相关的经济业务如下:

【1】 1日,购买20吨钢板材料,收到重庆华宇机械有限公司开具的增值税专用发票,列明价款69 700元,增值税额9 061元。材料已验收入库,通过银行本票存款支付80 000元。

提示:多余款项1 239元暂作"其他应收款——重庆华宇机械有限公司"处理。

【2】 5日,向济南飞达工业集团购入6吨铝合金原材料,收到增值税专用发票,金额为81 000元,增值税额为10 530元,材料款未付。该批材料委托德邦物流股份有限公司运输,我公司承担运费,材料已验收入库,收到物流公司开出的增值税专用发票,金额为400元,增值税额为36元,以现金支付。

【3】 10日,委托烟台富盛机电有限公司加工有源消音器120件,发出委外加工的原材料钢板7.5吨。

【4】 14日,上月从济南曼华包装有限公司购入的已经办理结算的包装盒到达并入库。包装盒实际成本5 250元。计划成本为2元/个。

【5】 18 日,向中通工业集团购入 5 吨铝合金,收到增值税专用发票,金额为 67 400 元,增值税额为 8 762 元,款项以电子商业承兑汇票支付,货物尚未到达。

【6】 22 日,签发中国农业银行转账支票 1 张,向烟台富盛机电有限公司结算 120 件有源消音器的加工费,收到增值税专用发票,列明加工费 5 973.45 元,税额 776.55 元,货物已验收入库。

提示:委托加工完工入库的产品成本月末结转。

【7】 23 日,季末存货清查,发现盘亏库存商品抗性消音器 8 件,盘亏原因及责任待查。

【8】 25 日,经调查发现,23 日财产清查时盘亏的 8 件抗性消音器是由仓储专员赵小英失误造成。经领导批准决定,40% 的盘亏损失由赵小英赔偿,赔偿金额已现金收讫。

【9】 27 日,从重庆恒星钢材有限公司购入 15 吨钢板材料,材料已验收入库,货款尚未支付,发票等结算单据本月未到达企业。

【10】 31 日,分配结转 3 月份水费。水费总额 1 549.42 元,按部门分摊。各产品的生产成本共用水费用采用实耗生产工时比例进行分配。

【11】 31 日,分配结转 3 月份电费。电费总额 2 458.72 元,按部门分摊。各产品的生产成本共用电费用采用实耗生产工时比例进行分配。

【12】 31 日,根据本月材料领用单,编制领料汇总表,分配直接材料。

【13】 31 日,出售铝合金油箱时,需要将产品装入包装盒。本月销售铝合金油箱领用包装盒 345 个。

【14】 31 日,计算本月材料及包装盒成本差异率,分配成本差异。

提示:公司采用"本月材料成本差异率"分配材料成本差异。

【15】 31 日,分配结转制造费用。31 日,结转前制造费用余额为 56 028.94 元,其中"制造费用——办公费"结转前余额为 347.20 元,"制造费用——水电费"结转前余额为 801.62 元,"制造费用——职工薪酬"结转前余额为 7 208.06 元,"制造费用——折旧费"结转前余额为 47 672.06 元。制造费用采用实耗生产工时比例在各产品间进行分配。

【16】 31 日,结转本月完工产品。截至月底,抗性消音器完工产品数量 980 件,铝合金油箱完工产品数量 340 件。抗性消音器在产品数量为 844 件,第三道工序结束,完成率 65%;铝合金油箱在产品数量为 310 件,第二道工序结束,完成率 70%。

提示:抗性消音器承担的直接人工为 37 046.09 元,铝合金油箱承担的直接人工为 31 303.60 元。

【17】 31 日,采用加权平均法结转各产品主营业务成本。

【18】 31 日,由于技术进步,我公司委托烟台富盛机电有限公司加工的有源消音器不含税售价降为 230 元/件,预计销售有源消音器相关税费为 9 元/件,计提有源消音器的存货跌价准备。

提示:存货跌价准备计提可以使用"三部曲法",具体如下:①计算期末计提或转回后

存货跌价准备应有余额。若历史成本＞可变现净值,则期末计提或转回后存货跌价准备
应用余额＝历史成本一可变现净值;若历史成本＜可变现净值,则期末计提或转回后存货
跌价准备应有余额＝0。②计算期末计提或转回前存货跌价准备实有余额＝存货跌价准
备期初余额一本期领用或销售存货结转的跌价准备金额。③计算本期应计提或转回的存
货跌价准备金额＝期末计提或转回后存货跌价准备应有余额一期末计提或转回前存货跌
价准备实有余额。若计算结果＞0,应补提存货跌价准备;若计算结果＜0,应转回存货跌
价准备。

四、实训要求

(1) 设置存货与成本相关账户总账和明细账,包括"材料采购""原材料""周转材料"
"库存商品""材料成本差异""存货跌价准备""生产成本",登记期初余额。

(2) 填制并审核经济业务【1】至【18】的原始凭证,对存在问题的原始凭证提出解决方
案后,编制记账凭证。

(3) 根据经济业务【1】至【18】的记账凭证和原始凭证登记存货与成本相关明细账和
总账。

(4) 月末结账。

五、思政课堂

獐子岛扇贝: 6 年 4 次"跑路"

獐子岛曾在 6 年内发生 4 次"扇贝失踪"事件。

第一次扇贝出事是在 2014 年 10 月,獐子岛称,因黄海遭到异常冷水团,扇贝发生绝
收,合计影响净利润 7.63 亿元,全部计入 2014 年第三季度。2014 年獐子岛巨亏 11.89 亿
元。这次事件后,公司连亏两年,一度披星戴帽。2016 年业绩扭亏为盈。

第二次扇贝消失是在 2018 年 1 月,獐子岛再次发布公告,称海洋灾害导致扇贝饿死。
受"扇贝被活活饿死"的影响,2017 年獐子岛亏损 7.2 亿元。其中,扇贝"消失"就带走了 6
亿元利润。

第三次扇贝受灾的信息来自獐子岛 2019 年一季报,公司一季度亏损 4 314 万元,同比
减少 379.43%,理由为"底播虾夷扇贝受灾"。

第四次扇贝"跑路"是在 2019 年 11 月,獐子岛又上演"扇贝集体死亡"的闹剧。獐子岛
对 2017 年、2018 年底播虾夷扇贝共计 55.45 万亩进行调查,预计核销存货成本及计提存
货跌价准备合计金额约 2.9 亿元。也就是说,临近抽测采捕时,扇贝们又突然集体死亡。

为查清獐子岛扇贝"跑路"事件,自 2018 年 2 月 9 日立案调查以来,历经近两年半的时
间,最终证监会利用"北斗"技术发现减值区域与捕捞船只实际作业区域存在重合,减值海
域中 2015 年和 2016 年底播的虾夷扇贝分别有 6.38 万亩、0.13 万亩已在以往年度采捕,獐

子岛公司虚增资产减值损失 1 110.52 万元。2020 年 6 月 15 日,证监会发布了市场禁入决定书和行政处罚决定书,对獐子岛集团股份有限公司处以 60 万元的顶格罚款,对公司法定代表人吴厚刚采取终身市场禁入措施。

资料来源:21 世纪经济报道,2022-1-21,《獐子岛扇贝又跑了? 6 年"跑"4 次,账面价值缩水近四成! 深陷资产减值"地雷阵"》, https://mp. weixin. qq. com/s/IPEvTH1EJ8LrbgOEYybkZw。

请思考:

1. 獐子岛的扇贝"跑路",想达到什么目的?

2. 立案 2 年半才遭罚,造假为何猖狂? 监管部门应该如何应对?

3. 獐子岛违反了会计职业道德的哪些方面?

六、实训原始凭证

凭证 3-1-1

5000213130　　　　重庆增值税专用发票　　№ 07550036　5000213130
07550036

机器编号：
589906776115

开票日期：2021年03月01日

购买方	名　　称：烟台兴茂机械制造有限公司 纳税人识别号：913706129662088957 地址、电话：烟台市莱山区港城街100号0535-6900119 开户行及账号：中国农业银行烟台市莱山区支行15376201040000182	密码区	1<6<6>**580331/373>67<599<< ++8+505>4-<+>/0<38+70/420/> 09>>+-*93+>6401/3/4541*2<-3 -*2+88++5/320+6+*<2<>0+19<7

货物或应税劳务、服务名称	规格型号	单位	数量	单价	金额	税率	税额
*钢板		吨	20	3,485.0000000	69700	13%	9061.00
合　　计					¥69700.00		¥9061.00

价税合计（大写）	⊗柒万捌仟柒佰陆拾壹圆整		（小写）¥78761.00

销售方	名　　称：重庆华宇机械有限公司 纳税人识别号：915500115781577567H 地址、电话：重庆市海港路77号023-8956787 开户行及账号：工行重庆海港路支行31370334400005578	备注	重庆华宇机械有限公司 915500115781577567H 发票专用章

收款人：王林　　　　复核：刘国良　　　　开票人：王林　　　　销售方：（章）

第二联：抵扣联　购买方抵扣凭证

凭证 3-1-2

5000213130　　　　重庆增值税专用发票　　№ 07550036　5000213130
07550036

机器编号：
589906776115

开票日期：2021年03月01日

购买方	名　　称：烟台兴茂机械制造有限公司 纳税人识别号：913706129662088957 地址、电话：烟台市莱山区港城街100号0535-6900119 开户行及账号：中国农业银行烟台市莱山区支行15376201040000182	密码区	1<6<6>**580331/373>67<599<< ++8+505>4-<+>/0<38+70/420/> 09>>+-*93+>6401/3/4541*2<-3 -*2+88++5/320+6+*<2<>0+19<7

货物或应税劳务、服务名称	规格型号	单位	数量	单价	金额	税率	税额
*钢板		吨	20	3,485.0000000	69700	13%	9061.00
合　　计					¥69700.00		¥9061.00

价税合计（大写）	⊗柒万捌仟柒佰陆拾壹圆整		（小写）¥78761.00

销售方	名　　称：重庆华宇机械有限公司 纳税人识别号：915500115781577567H 地址、电话：重庆市海港路77号023-8956787 开户行及账号：工行重庆海港路支行31370334400005578	备注	重庆华宇机械有限公司 915500115781577567H 发票专用章

收款人：王林　　　　复核：刘国良　　　　开票人：王林　　　　销售方：（章）

第三联：发票联　购买方记账凭证

凭证 3-1-3

中国农业银行

本　票

2 地 E B
名 0 3　　00000888

出票日期 贰零贰壹 年 零叁 月 零壹 日
（大写）

付款期限 壹个月		

收款人：重庆华宇机械有限公司	申请人：烟台兴茂机械制造有限公司

凭票即付	人民币（大写）	捌万元整	￥80 000.00

转账	现金	
备注：		

科目（付）＿＿＿＿＿　＿＿＿＿＿
对方科目（收）＿＿＿＿＿　＿＿＿＿＿
兑付日期　　　年　　月　　日
出纳　　　复核　　　经办

中国农业银行 102331002622 本票专用章

王丽娜

银行签章

凭证 3-1-4

收　料　单

供货单位：重庆华宇机械有限公司

发票号码：07550036　　　　　　2021年03月01日　　　　　　No.298013

材料类别	名称及规格	计量单位	数量		实际成本				计划成本		差异
			应收	实收	单价	金额	运杂费	合计	单价	金额	
钢板		吨	20	20	3 485.00	69 700.00	—	69 700.00	3 500.00	70 000.00	-300.00
合　计		吨	20	20	3 485.00	69 700.00	—	69 700.00	3 500.00	70 000.00	-300.00

第二联　财务记账联

质量检验：刘伟　　　　收料：赵小英　　　　制单：谢鸿妍

凭证 3-2-1

3701213130　山东增值税专用发票　№ 07663812　3700213130
07663812

抵扣联

机器编号：
678815886214

开票日期：2021年03月05日

购买方	名　　　称：烟台兴茂机械制造有限公司 纳税人识别号：913706129662088957 地址、电话：烟台市莱山区港城街100号0535-6900119 开户行及账号：中国农业银行烟台市莱山区支行15376201040000182			密码区	/373>67<599<<1<6<6>**580331 4-<+>/0<38+70/420/>++8+505> 09>>+-*93>41*2<-36401/3/45 -*2+88++5/32+19<70+6+*<2<>0			
货物或应税劳务、服务名称	规格型号	单位	数量	单价	金额	税率	税额	
*有色金属合金*铝合金		吨	6	13,500.00	81000	13%	10530.00	
合　　计					¥81000.00		¥10530.00	
价税合计（大写）	⊗玖万壹仟伍佰叁拾圆整				（小写）¥91530.00			
销售方	名　　　称：济南飞达工业集团 纳税人识别号：91370105672357783M 地址、电话：济南市经纬路27号0531-9567821 开户行及账号：农行济南经纬路支行15370334400005549			备注				

收款人：王林　　　　复核：刘国良　　　　开票人：王林　　　　销售方：（章）

第二联：抵扣联　购买方抵扣凭证

凭证 3-2-2

3701216130　山东增值税专用发票　№ 07663812　3700216130
07663812

发票联

机器编号：
678815886214

开票日期：2021年03月05日

购买方	名　　　称：烟台兴茂机械制造有限公司 纳税人识别号：913706129662088957 地址、电话：烟台市莱山区港城街100号0535-6900119 开户行及账号：中国农业银行烟台市莱山区支行15376201040000182			密码区	/373>67<599<<1<6<6>**580331 4-<+>/0<38+70/420/>++8+505> 09>>+-*93>41*2<-36401/3/45 -*2+88++5/32+19<70+6+*<2<>0			
货物或应税劳务、服务名称	规格型号	单位	数量	单价	金额	税率	税额	
*有色金属合金*铝合金		吨	6	13,500.00	81000	13%	10530.00	
合　　计					¥81000.00		¥10530.00	
价税合计（大写）	⊗玖万壹仟伍佰叁拾圆整				（小写）¥91530.00			
销售方	名　　　称：济南飞达工业集团 纳税人识别号：91370105672357783M 地址、电话：济南市经纬路27号0531-9567821 开户行及账号：农行济南经纬路支行15370334400005549			备注				

收款人：王林　　　　复核：刘国良　　　　开票人：王林　　　　销售方：（章）

第三联：发票联　购买方记账凭证

凭证 3-2-3

3706213130

山东增值税专用发票　№00001698

3706213130
00001698

机器编号：
678815885347

开票日期：2021年03月05日

购买方	名　　称：烟台兴茂机械制造有限公司 纳税人识别号：9137061296662088957 地址、电话：烟台市莱山区港城街100号0535-6900119 开户行及账号：中国农业银行烟台市莱山区支行15376201040000182	密码区	1<6<6>**580331/373>67<599<4 ++8+505>4-<+>/0<38+70/420/> 09>>+-*93+>6401/3/4541*2<-3 -*2+88++5/320+6+*<2<>0+19<7

第二联：抵扣联　购买方抵扣凭证

货物或应税劳务、服务名称	规格型号	单位	数量	单价	金额	税率	税额
*运输服务*运输费		千米	10	40.00	400	9%	36.00
合　　计					¥400.00		¥36.00

价税合计（大写）　⊗肆佰叁拾陆圆整　（小写）¥436.00

销售方	名　　称：德邦物流股份有限公司 纳税人识别号：913100000692944357T 地址、电话：烟台市莱山区迎春大街151号0535-6901256 开户行及账号：中国农业银行烟台市莱山区支行15376201061000455	备注	起始地：莱山　到达地：莱山 货物信息：铝合金 车牌号：鲁Y9188N 913100000692944357T 公里数：30公里

收款人：刘永涛　复核：张建鹏　开票人：单岳　销售方：（章）

凭证 3-2-4

3706213130

山东增值税专用发票　№00001698

3706213130
00001698

机器编号：
678815885347

开票日期：2021年03月05日

购买方	名　　称：烟台兴茂机械制造有限公司 纳税人识别号：9137061296662088957 地址、电话：烟台市莱山区港城街100号0535-6900119 开户行及账号：中国农业银行烟台市莱山区支行15376201040000182	密码区	1<6<6>**580331/373>67<599<4 ++8+505>4-<+>/0<38+70/420/> 09>>+-*93+>6401/3/4541*2<-3 -*2+88++5/320+6+*<2<>0+19<7

第三联：发票联　购买方发票凭证

货物或应税劳务、服务名称	规格型号	单位	数量	单价	金额	税率	税额
*运输服务*运输费		千米	10	40.00	400	9%	36.00
合　　计					¥400.00		¥36.00

价税合计（大写）　⊗肆佰叁拾陆圆整　（小写）¥436.00

销售方	名　　称：德邦物流股份有限公司 纳税人识别号：913100000692944357T 地址、电话：烟台市莱山区迎春大街151号0535-6901256 开户行及账号：中国农业银行烟台市莱山区支行15376201061000455	备注	起始地：莱山　到达地：莱山 货物信息：铝合金 车牌号：鲁Y9188N 913100000692944357T 公里数：30公里

收款人：刘永涛　复核：张建鹏　开票人：单岳　销售方：（章）

凭证 3-2-5

收　据

No. 6032557

2021年03月05日

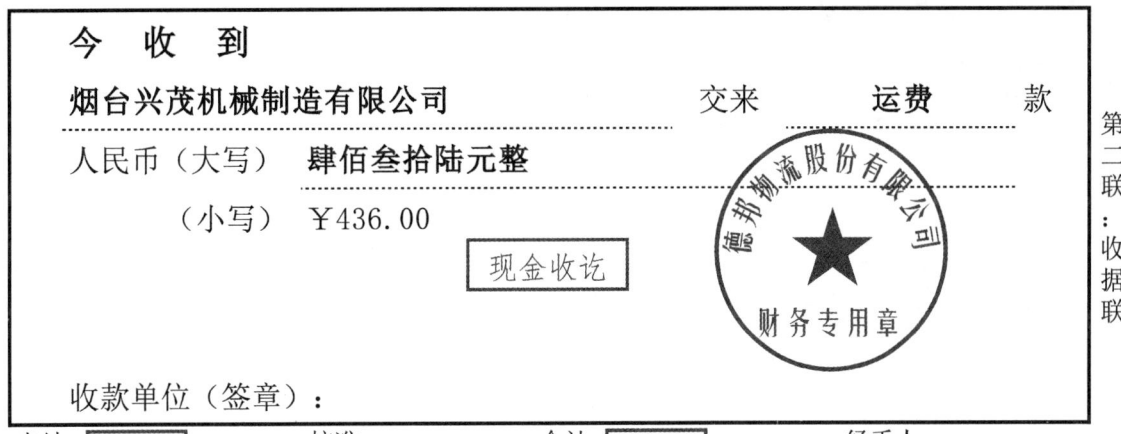

今　收　到		
烟台兴茂机械制造有限公司	交来　**运费**　款	
人民币（大写）　**肆佰叁拾陆元整**		
（小写）　　¥436.00		
现金收讫		

收款单位（签章）：

出纳：王晓莹　　核准：　　会计：孙乐倩　　经手人：

凭证 3-2-6

收　料　单

供货单位：济南飞达工业集团

发票号码：07663812　　　　2021年03月05日　　　　No. 298014

材料类别	名称及规格	计量单位	数量		实际成本				计划成本		差异
			应收	实收	单价	金额	运杂费	合计	单价	金额	
铝合金		吨	6	6	13 500.00	81 000.00	400.00	81 400.00	13 300.00	79 800.00	1 600.00
合　计		吨	6	6	13 500.00	81 000.00	400.00	81 400.00	13 300.00	79 800.00	1 600.00

质量检验：刘伟　　收料：赵小英　　制单：谢鸿妍

凭证 3-3

委托加工材料出库单

加工单位：　烟台富盛机电有限公司　　　　　　　　　　　No. 0038816

加工合同号：077246　　　　　　2021年03月10日

材料类别	名称及规格	计量单位	数量	实际成本 单价	实际成本 金额	计划成本 单价	计划成本 金额	差异
钢板		吨	7.5	–	–	3 500.00	26 250.00	–
合　计		吨	7.5	–	–	3 500.00	26 250.00	–

仓库主管：　于传强　　　发料人：　赵小英　　　领料部门主管：　王佳成　　领料人：　朱志刚

第三联　记账联

凭证 3-4

收　料　单

供货单位：济南曼华包装有限公司

发票号码：07218815　　　　　　2021年03月14日　　　　　No. 298015

材料类别	名称及规格	计量单位	数量 应收	数量 实收	实际成本 单价	实际成本 金额	实际成本 运杂费	实际成本 合计	计划成本 单价	计划成本 金额	差异
包装盒		个	2500	2500	2.10	5 250.00	–	5 250.00	2.00	5 000.00	250.00
合　计		吨	2500	2500	2.10	5 250.00	–	5 250.00	2.00	5 000.00	250.00

质量检验：　刘　伟　　　收料：　赵小英　　　制单：　谢鸿妍

第二联　财务记账联

凭证 3-5-1

3706216130

山东增值税专用发票

№ 07665911

3706216130
07665911

机器编号：697715326918

开票日期：2021年03月18日

购买方	名　　称：烟台兴茂机械制造有限公司 纳税人识别号：913706129662088957 地址、电话：烟台市莱山区港城街100号0535-6900119 开户行及账号：中国农业银行烟台市莱山区支行15376201040000182	密码区	580331/>>25623781+/31673415 ++53>15>4-<+>/0<38+70/120/> 145993+4145/+>6401/3/45-+-6 -*2+8+6+*</+>0--21+8++5/320

货物或应税劳务、服务名称	规格型号	单位	数量	单价	金　额	税率	税　额
*有色金属合金*铝合金		吨	5	13,480.00	67400	13%	8762.00
合　　计					¥67400.00		¥8762.00

价税合计（大写）	⊗柒万陆仟壹佰陆拾贰圆整		（小写）¥76162.00

销售方	名　　称：中通工业集团 纳税人识别号：913706125457K45670 地址、电话：烟台市牟平区新区大街84号 0535-6745941 开户行及账号：农行牟平区支行15376101060000033 84983	备注	中通工业集团 913706125457K45670 发票专用章

收款人：黄翔　　　　　复核：于志勇　　　　　开票人：黄翔　　　　　销售方：（章）

第二联：抵扣联　购买方抵扣凭证

凭证 3-5-2

3706216130

山东增值税专用发票

№ 07665911

3706216130
07665911

机器编号：697715326918

开票日期：2021年03月18日

购买方	名　　称：烟台兴茂机械制造有限公司 纳税人识别号：913706129662088957 地址、电话：烟台市莱山区港城街100号0535-6900119 开户行及账号：中国农业银行烟台市莱山区支行15376201040000182	密码区	580331/>>25623781+/31673415 ++53>15>4-<+>/0<38+70/120/> 145993+4145/+>6401/3/45-+-6 -*2+8+6+*</+>0--21+8++5/320

货物或应税劳务、服务名称	规格型号	单位	数量	单价	金　额	税率	税　额
*有色金属合金*铝合金		吨	5	13,480.00	67400	13%	8762.00
合　　计					¥67400.00		¥8762.00

价税合计（大写）	⊗柒万陆仟壹佰陆拾贰圆整		（小写）¥76162.00

销售方	名　　称：中通工业集团 纳税人识别号：913706125457K45670 地址、电话：烟台市牟平区新区大街84号 0535-6745941 开户行及账号：农行牟平区支行15376101060000033 84983	备注	中通工业集团 913706125457K45670 发票专用章

收款人：黄翔　　　　　复核：于志勇　　　　　开票人：黄翔　　　　　销售方：（章）

第三联：发票联　购买方记账凭证

凭证 3-5-3

中国农业银行　　电子商业承兑汇票
AGRICULTURAL BANK OF CHINA

出票日期：2021-03-18　　　　　　　　　票据状态：已签收
汇票到期日：2021-07-18　　　　　　　　票据号码：13134560882021091563347112559

出票人	账　号	15376201040000182	收款方	账　号	153761010600003384983
	全　称	烟台兴茂机械制造有限公司		全　称	中通工业集团
	开户行	中国农业银行烟台市莱山区支行		开户行	农行牟平区支行
	开户行号	103456039410		开户行号	103456038658

出票人保证信息	保证人账号：	保证人开户行：
	保证人名称：	保证人开户行号：

票据金额	小写：76162.00	人民币（大写）：柒万陆仟壹佰陆拾贰圆整

承兑人	承兑人账号： 15376201040000182	承兑人开户行：中国农业银行烟台市莱山区支行
	承兑人名称：烟台兴茂机械制造有限公司	承兑人开户行号：103456039410

交易合同号：	－	承兑信息	出票人承诺：本汇票请予以承兑，到期无条件付款
是否可转让：	可再转让		承兑人承兑：本汇票已经承兑，到期无条件付款
			承兑日期　2021-03-18

承兑人保证信息	保证人账号：	保证人开户行：
	保证人名称：	保证人开户行号：

评级信息	出票人	评级主体	同安农行	信用等级：A	评级到期日：2021-11-23
备注：					

凭证 3-6-1

 3706215130　　山东增值税专用发票　№ 07670018　3706215130
　　　　　　　　　　　　　　　　　　　　　　　　　　　　　　　　07670018

机器编号：
583415326745　　　　　　　　　抵扣联　　　　　　　开票日期：2021年03月22日

购买方	名　称：烟台兴茂机械制造有限公司	密码区	3635*5802261<6<6>*3->-*93+>
	纳税人识别号：9137061296620889957		++8+508-+6/373>6353635223->
	地址、电话：烟台市莱山区港城街100号0535-6900119		09 -*2+2<+93+>623-1/373>/3+
	开户行及账号：中国农业银行烟台市莱山区支行15376201040000182		-*2+2<+++*<-0/885/320+>39<4

货物或应税劳务、服务名称	规格型号	单位	数量	单价	金　额	税率	税　额
*劳务*加工费		件	120	49.7787500	5973.45	13%	776.55
合　　计					¥5973.45		¥776.55

价税合计（大写）	⊗陆仟柒佰伍拾圆整		¥6750.00

销售方	名　称：烟台富盛机电有限公司	备注	
	纳税人识别号：91370612KM415L9155		
	地址、电话：烟台市莱山区长安路77号 0535-6901779		
	开户行及账号：中国农业银行烟台市莱山区支行15370616000022380		

收款人：李迎军　　　复核：韩娟　　　开票人：李迎军　　　销售方：（章）

（印章：烟台富盛机电有限公司 91370612KM415L9155 发票专用章）

第二联：抵扣联 购买方抵扣凭证

凭证 3-6-2

3706215130　　山东增值税专用发票　　№ 07670018　　3706215130
07670018

机器编号：
583415326745

开票日期：2021年03月22日

购买方	名　　　称：烟台兴茂机械制造有限公司 纳税人识别号：913706129662088957 地址、电话：烟台市莱山区港城街100号0535-6900119 开户行及账号：中国农业银行烟台市莱山区支行15376201040000182	密码区	3635*5802261<6<6>*3->-*93+> ++8+508-+6/373>6353635223-> 09 -*2+2<+93+>623-1/373>/3+ -*2+2<+++*<-0/885/320+>39<4

第三联：发票联　购买方记账凭证

货物或应税劳务、服务名称	规格型号	单位	数量	单价	金额	税率	税额
*劳务*加工费		件	120	49.7787500	5973.45	13%	776.55
合　　计					¥5973.45		¥776.55

价税合计（大写）	⊗陆仟柒佰伍拾圆整	（小写）¥6750.00

销售方	名　　　称：烟台富盛机电有限公司 纳税人识别号：91370612KM415L9155 地址、电话：烟台市莱山区长安路77号　0535-6901779 开户行及账号：中国农业银行烟台市莱山区支行15370616000022380	备注	烟台富盛机电有限公司 91370612KM415L9155 发票专用章

收款人：李迎军　　　　复核：韩娟　　　　开票人：李迎军　　　　销售方：（章）

凭证 3-6-3

中国农业银行
转账支票存根
10303726
49133594

烟台证券印制有限公司 · 2021年印制

附加信息

出票日期 2021年03月22日

收款人： 烟台富盛机电有限公司

金额： ¥6 750.00

用途： 委托加工费

单位主管　张 丽　**会计**　李丰富

凭证 3-6-4

 中国农业银行
AGRICULTURAL BANK OF CHINA   网上银行电子回单

电子回单号码：37650359492755193362					
付款方	账　号	15376201040000182	收款方	账　号	15370616000022380
	户　名	烟台兴茂机械制造有限公司		户　名	烟台富盛机电有限公司
	开户行	中国农业银行烟台市莱山区支行		开户行	中国农业银行烟台市莱山区支行
金额（小写）		¥6,750.00	金额（大写）		陆仟柒佰伍拾元整
币种		人民币	交易渠道		HRMS
摘要		转账付款	凭证号		15376202201114502
交易时间		2021-03-22　15:26:18	会计日期		20210322
附言					

中国农业银行股份有限公司
回单专用章

打印日期：2021-03-22

凭证 3-6-5

产 成 品 入 库 单   No. 2021052

类　　别：　委托加工　　　　　　　　　　　　入库时间：2021年03月22日

产品名称	产品规格	单位	数量	交货人	库管员确认	备注
有源消音器		件	120	孙振宇	赵小英	
合　计		件	120			

记账联

质量检验：　刘伟　　　　仓库主管：　于传强　　　　制单：　赵小英

凭证 3-7

烟台兴茂机械制造有限公司盘存单

单位（盖章）

编号：20210323 　　　　填表人：丛培红 　　　　盘点日期：2021年03月23日

货物编号	货物名称	单位	账面数量	盘点数量	盘点人	复盘数量	复盘人	盘盈/亏数量	单位成本	盘盈/亏金额
A001	抗性消音器	件	1255	1247	丛培红	1247	于志扬	-8	245.50	-1 964.00
A002	铝合金油箱	件	614	614	丛培红	614	于志扬	0	–	–
A003	有源消音器	件	120	120	丛培红	120	于志扬	0	–	–

第三联 记账联

主盘人： 张丽 　　　　盘点人： 丛培红 　　　　复盘人： 于志扬

凭证 3-8-1

存货盘亏报告表

申请单位（盖章）

货物名称	抗性消音器	盘点时间	2021/3/23
盘亏数量	8	盘点人	丛培红
单位成本	245.50	复盘人	于志扬
盘亏金额	1 964.00		

盘亏原因	由仓储专员赵小英失误造成。 　　　　　仓库负责人（签名）： 于传强 　　　　　　　　　　2021 年 03 月 24 日
盘亏处理	仓库管理员赵小英赔偿40%盘亏损失785.60元，另外60%损失1178.40元记入公司管理费用。 　　　　　　　　　签章： 于传强 　　　　　　　　　　2021 年 03 月 24 日
总经理审批意见	**同意** 　　　　　　　　　签章： 孔祥瑞 　　　　　　　　　　2021年 03 月 25 日

凭证 3-8-2

收　据

2021年03月25日

No. 6031012

今　收　到

赵小英　　　　交来　　仓库管理失误罚　款

人民币（大写）　柒佰捌拾伍元整

（小写）　￥785.60　　现金收讫

收款单位（签章）：

| 出纳：王小刚 | 核准：张 丽 | 会计：谢鸿妍 | 经手人：赵小英 |

第三联　记账联

凭证 3-9

收　料　单

供货单位：重庆恒星钢材有限公司

发票号码：　　　　　　　　　2021年03月27日　　　　　　No. 298016

| 材料类别 | 名称及规格 | 计量单位 | 数量 | | 实际成本 | | | | 计划成本 | | 差异 |
			应收	实收	单价	金额	运杂费	合计	单价	金额	
钢板		吨	15	15					3 500.00	52 500.00	
合　计		吨	15	15					3 500.00	52 500.00	

质量检验：刘 伟　　　　收料：赵小英　　　　制单：谢鸿妍

第二联　财务记账联

凭证 3-10

水费分配表

所属期间：　年　月

部门			工时（小时）	分配比例	分配费用
生产部门	产品生产	抗性消音器	1 058	60%	
		铝合金油箱	894		
	车间管理		-	20%	
	合计		-	80%	
行政管理部门			-	10%	
销售部门			-	10%	
合计			-	100%	

会计： 谢鸿妍 　　　　　　财务主管： 张　丽

凭证 3-11

电费分配表

所属期间：　年　月

部门			工时（小时）	分配比例	分配费用
生产部门	产品生产	抗性消音器	1 058	60%	
		铝合金油箱	894		
	车间管理		-	20%	
	合计		-	80%	
行政管理部门			-	10%	
销售部门			-	10%	
合计			-	100%	

会计： 谢鸿妍 　　　　　　财务主管： 张　丽

凭证 3-12-1

领 料 单

No. 2021018

领料部门： 生产车间　　　2021年3月4日

材料类别	名称及规格	计量单位	数量(吨)		计划单价(元)	金额(元)	用途	领料人签字
			请领	实领				
钢板		吨	5	5	3,500.00	17,500.00	抗性消音器	贾凯鸿
铝合金		吨	3	3	13,300.00	39,900.00	铝合金油箱	贾凯鸿
合　计		吨	8	8	—	57,400.00		

记账联

仓库主管： 于传强　　　发料人： 赵小英　　　领料部门主管： 孙思泽

凭证 3-12-2

领 料 单

No. 2021019

领料部门： 生产车间　　　2021年3月6日

材料类别	名称及规格	计量单位	数量(吨)		计划单价(元)	金额(元)	用途	领料人签字
			请领	实领				
钢板		吨	4	4	3,500.00	14,000.00	抗性消音器	贾凯鸿
合　计		吨	4	4	3,500.00	14,000.00		

记账联

仓库主管： 于传强　　　发料人： 赵小英　　　领料部门主管： 孙思泽

凭证 3-12-3

领 料 单

No.2021020

领料部门：　生产车间　　　　　2021年3月9日

材料类别	名称及规格	计量单位	数量（吨）		计划单价（元）	金额（元）	用途	领料人签字
			请领	实领				
铝合金		吨	1	1	13,300.00	13,300.00	铝合金油箱	扬文栋
合 计		吨	1	1	13,300.00	13,300.00		

记账联

仓库主管：　于传强　　　　发料人：　赵小英　　　　领料部门主管：　孙思泽

凭证 3-12-4

领 料 单

No.2021021

领料部门：　生产车间　　　　　2021年3月14日

材料类别	名称及规格	计量单位	数量（吨）		计划单价（元）	金额（元）	用途	领料人签字
			请领	实领				
钢板		吨	7	7	3,500.00	24,500.00	抗性消音器	扬文栋
铝合金		吨	1.5	1.5	13,300.00	19,950.00	铝合金油箱	扬文栋
合 计		吨	8.5	8.5	—	44,450.00		

记账联

仓库主管：　于传强　　　　发料人：　赵小英　　　　领料部门主管：　孙思泽

凭证 3-12-5

---✂

领 料 单

No. 2021022

领料部门： 生产车间

2021年3月18日

材料类别	名称及规格	计量单位	数量(吨)		计划单价(元)	金额(元)	用途	领料人签字
			请领	实领				
钢板		吨	4.5	4.5	3,500.00	15,750.00	抗性消音器	贾凯鸿
合　计		吨	4.5	4.5	3,500.00	15,750.00		

仓库主管： 于传强　　　发料人： 赵小英　　　领料部门主管： 孙思泽

记账联

---✂

凭证 3-12-6

---✂

领 料 单

No. 2021023

领料部门： 生产车间

2021年3月21日

材料类别	名称及规格	计量单位	数量(吨)		计划单价(元)	金额(元)	用途	领料人签字
			请领	实领				
钢板		吨	8	8	3,500.00	28,000.00	抗性消音器	贾凯鸿
铝合金		吨	1.6	1.6	13,300.00	21,280.00	铝合金油箱	贾凯鸿
合　计		吨	9.6	9.6		49,280.00		

仓库主管： 于传强　　　发料人： 赵小英　　　领料部门主管： 孙思泽

记账联

---✂

凭证 3-12-7

领 料 单

No. 2021024

领料部门：　生产车间　　　　　　2021年3月24日

材料类别	名称及规格	计量单位	数量(吨)		计划单价(元)	金额(元)	用途	领料人签字	
			请领	实领					记账联
钢板		吨	3	3	3,500.00	10,500.00	抗性消音器	杨文栋	
铝合金		吨	2	2	13,300.00	26,600.00	铝合金油箱	杨文栋	
合　计		吨	5	5		37,100.00			

仓库主管：　于传强　　　　发料人：　赵小英　　　　领料部门主管：　孙思泽

凭证 3-12-8

领 料 单

No. 2021025

领料部门：　生产车间　　　　　　2021年3月28日

材料类别	名称及规格	计量单位	数量(吨)		计划单价(元)	金额(元)	用途	领料人签字	
			请领	实领					记账联
钢板		吨	9	9	3,500.00	31,500.00	抗性消音器	贾凯鸿	
合　计		吨	9	9	3,500.00	31,500.00			

仓库主管：　于传强　　　　发料人：　赵小英　　　　领料部门主管：　孙思泽

凭证 3-12-9

领料单汇总表

年　月

材料类别	名称及规格	计量单位	计划单价（元/吨）	用途				合计	
				抗性消音器		铝合金油箱			
				数量	计划成本（元）	数量	计划成本（元）	数量	计划成本（元）
合计	—	—	—						

审核：　张　丽　　　　　　　　　　　　　　制单：　谢鸿妍

凭证 3-13

低值易耗品出库单

2021年3月

材料类别	名称及规格	计量单位	领用限额	计划单价（元/个）	实际领用	
					数量	计划成本（元）
包装盒	—	个	500	2.00	345.00	690.00

日期	请领		实发			退回			记账联
	请领数量	领料单位	实发数量	发料人签章	领料人签章	退回数量	领料人签章	退料人签章	
3.7	100	生产部	100	赵小英	杨硕				
3.11	135	生产部	135	赵小英	杨硕				
3.21	60	生产部	60	赵小英	杨硕				
3.26	50	生产部	50	赵小英	杨硕				
合　计	345	—	345			0	—	—	

仓库主管：　于传强　　　　　　发料人：　赵小英　　　　　领料部门主管：　孙思泽

凭证 3-14-1

材料成本差异率计算表

年 月 日

材料类别	月初结存差异	本月收料差异	月初结存计划成本	本月收料计划成本	差异率
钢板					
铝合金					
包装盒					

会计：谢鸿妍　　　　　　　　　财务主管：张　丽

凭证 3-14-2

材料成本差异分配表

年 月 日

材料类别	计量单位	计划单价(元)	期初结存			本期收入			差异率	本期发出				期末结存		
			数量	计划成本(元)	差异(元)	数量	计划成本(元)	差异(元)		用途	数量	计划成本(元)	差异(元)	数量	计划成本(元)	差异(元)
钢板										委托加工材料						
										抗性消音器						
铝合金										铝合金油箱						
包装盒										包装铝合金油箱						

会计：谢鸿妍　　　　　　　　　财务主管：张　丽

凭证 3-15-1

产品生产工时

所属期间：2021年3月

产品名称	生产工时（小时）
抗性消音器	1058
铝合金消音器	894
合计	1952

生产车间主管： 王佳成   会计： 谢鸿妍

凭证 3-15-2

制造费用分配表

单位：   年　月　日

产品	工时(小时)	办公费（元）	水电费（元）	职工薪酬（元）	折旧费（元）	分配金额（元）
抗性消音器						
铝合金油箱						
合　计						

会计： 谢鸿妍   财务主管： 张　丽

凭证 3-16-1

产 成 品 入 库 单

No. 2021045

类　　别：　生产车间　

入库时间：2021年3月5日

产品名称	产品规格	单位	数量	交货人	库管员确认	备注
抗性消音器		件	120	贾凯鸿	赵小英	
合　计		件	120			

质量检验：　刘　伟　　　　仓库主管：　于传强　　　　制单：　赵小英　

记账联

凭证 3-16-2

产 成 品 入 库 单

No. 2021046

类　　别：　生产车间　

入库时间：2021年3月7日

产品名称	产品规格	单位	数量	交货人	库管员确认	备注
铝合金油箱		件	90	杨文栋	赵小英	
合　计		件	90			

质量检验：　刘　伟　　　　仓库主管：　于传强　　　　制单：　赵小英　

记账联

凭证 3-16-3

产 成 品 入 库 单　　　　No. 2021047

类　别：　生产车间

入库时间：2021年3月8日

产品名称	产品规格	单位	数量	交货人	库管员确认	备注
抗性消音器		件	180	贾凯鸿	赵小英	
合　计		件	180			

记账联

质量检验：刘 伟　　　　仓库主管：于传强　　　　制单：赵小英

凭证 3-16-4

产 成 品 入 库 单　　　　No. 2021048

类　别：　生产车间

入库时间：2021年3月11日

产品名称	产品规格	单位	数量	交货人	库管员确认	备注
铝合金油箱		件	100	杨文栋	赵小英	
合　计		件	100			

记账联

质量检验：刘 伟　　　　仓库主管：于传强　　　　制单：赵小英

凭证 3-16-5

产 成 品 入 库 单　　No. 2021049

类　　别：　生产车间

入库时间：2021年3月16日

产品名称	产品规格	单位	数量	交货人	库管员确认	备注
抗性消音器		件	380	贾凯鸿	赵小英	
合　计		件	380			

记账联

质量检验：　刘　伟　　　　　仓库主管：　于传强　　　制单：　赵小英

凭证 3-16-6

产 成 品 入 库 单　　No. 2021050

类　　别：　生产车间

入库时间：2021年3月19日

产品名称	产品规格	单位	数量	交货人	库管员确认	备注
铝合金油箱		件	150	杨文栋	赵小英	
合　计		件	150			

记账联

质量检验：　刘　伟　　　　　仓库主管：　于传强　　　制单：　赵小英

凭证 3-16-7

产 成 品 入 库 单　　　No. 2021051

类　别：　生产车间

入库时间：2021年3月22日

产品名称	产品规格	单位	数量	交货人	库管员确认	备注
抗性消音器		件	300	贾凯鸿	赵小英	
合　计		件	300			

记账联

质量检验：　刘　伟　　　　仓库主管：　于传强　　　制单：　赵小英

凭证 3-16-8(复印件)

产 成 品 入 库 单　　　No. 2021052

类　别：　委托加工

入库时间：2021年03月22日

产品名称	产品规格	单位	数量	交货人	库管员确认	备注
有源消音器		件	120	孙振宇	赵小英	
合　计		件	120			

记账联

质量检验：　刘　伟　　　　仓库主管：　于传强　　　制单：　赵小英

凭证 3-16-9

产品生产量统计表

日期：2021年3月31日

产品	期初数量（件）	生产量（件）	可供销售数量（件）
抗性消音器	1 160	980	2 140
铝合金油箱	429	340	769
有源消音器	0	120	120

会计：谢鸿妍　　　　　　　　　　财务主管：张　丽

凭证 3-16-10

产品工序汇总表

产品	第1道工序	第2道工序	第3道工序	第4道工序	第5道工序
抗性消音器	20%	30%	15%	25%	10%
铝合金油箱	30%	40%	10%	20%	—

会计：谢鸿妍　　　　　　　　　　生产车间主管：孙思泽

凭证 3-16-11

产品约当量计算表

日期：2021年3月31日

产品	完工量	在产量	在产品约当量	总约当量
抗性消音器				
铝合金油箱				

会计：谢鸿妍　　　　　　　财务主管：张 丽

注：截至月底，抗性消音器完工程度为65%，铝合金油箱完工程度为70%。

凭证 3-16-12

铝合金油箱库存商品、在产品分配表

日期：2021年3月31日

生产成本—铝合金油箱	直接动力	直接材料	直接人工	制造费用	合　计
期　初	573.58	33,931.72	10,785.39	9,893.17	55,183.86
本月发生	1,101.43	123,857.33	31,303.60	25,629.13	181,891.49
合　计					
分配率					—
库存商品					
在 产 品					

会计：谢鸿妍　　　　　　　财务主管：张 丽

凭证 3-16-13

抗性消音器库存商品、在产品分配表

日期：2021年3月31日

生产成本—抗性消音器	直接动力	直接材料	直接人工	制造费用	合　　计
期　　初	1,618.46	148,352.77	35,487.26	27,546.12	213,004.61
本月发生	1,303.47	141,025.79	37,046.09	30,330.67	209,706.02
合　　计					
分配率					—
库存商品					
在　产　品					

会计：　谢鸿妍　　　　　　　　　　　财务主管：　张　丽

凭证 3-17-1

产 成 品 出 库 单　　　No.20213011

购货单位：　济南西城机械有限公司

业务员：　王开华　　　　　　　　　　　出库时间：2021年3月11日

产品名称	产品规格	单位	销售数量	实发数量	库管员确认	备注
抗性消音器		件	600	600	赵小英	
合　　计		件	600	600		

记账联

发货人：　赵小英　　　　　仓库主管：　于传强　　　　制单：　谢鸿妍

凭证 3-17-2

<h2 style="text-align:center">产 成 品 出 库 单　　　No. 20213012</h2>

购货单位：　济南信达汽车配件有限公司

业务员：　徐瑞诚　　　　　　　　　　　　　出库时间：2021年3月12日

产品名称	产品规格	单位	销售数量	实发数量	库管员确认	备注
铝合金油箱		件	235	235	赵小英	
合　计		件	235	235		

记账联

发货人：　赵小英　　　　仓库主管：　于传强　　　制单：　谢鸿妍

凭证 3-17-3

<h2 style="text-align:center">产 成 品 出 库 单　　　No. 20213013</h2>

购货单位：　烟台三立有限公司

业务员：　徐瑞诚　　　　　　　　　　　　　出库时间：2021年3月19日

产品名称	产品规格	单位	销售数量	实发数量	库管员确认	备注
抗性消音器		件	1250	1250	赵小英	
合　计		件	1250	1250		

记账联

发货人：　赵小英　　　　仓库主管：　于传强　　　制单：　谢鸿妍

凭证 3-17-4

产 成 品 出 库 单　　No. 20213014

购货单位：　泰安银光电子公司

业务员：　王开华　　　　　　　　　　　出库时间：2021年3月25日

产品名称	产品规格	单位	销售数量	实发数量	库管员确认	备注
有源消音器		件	80	80	赵小英	
合　计		件	80	80		

发货人：　赵小英　　　　　仓库主管：　于传强　　　制单：　谢鸿妍

记账联

凭证 3-17-5

产 成 品 出 库 单　　No. 20213015

购货单位：　济南信达汽车配件有限公司

业务员：　徐瑞诚　　　　　　　　　　　出库时间：2021年3月29日

产品名称	产品规格	单位	销售数量	实发数量	库管员确认	备注
铝合金油箱		件	110	110	赵小英	
合　计		件	110	110		

发货人：　赵小英　　　　　仓库主管：　于传强　　　制单：　谢鸿妍

记账联

凭证 3-17-6

加权平均法计算单位产品成本

日期：2021年3月31日

产品	期初存货（元）	发生盘亏（元）	本期生产（元）	可供出售成本（元）	账面数量(件)	盘亏数量(件)	可供出售数量(件)	单位产品成本(元)
抗性消音器								
铝合金油箱								
有源消音器								

会计：谢鸿妍　　　　　　　　　财务主管：张　丽

凭证 3-17-7

主营业务成本计算表

日期：2021年3月31日

产品	可供出售数量（件）	销售量(件)	期末结存数量（件）	产品单位成本（元）	期末结存成本（元）	主营业务成本（元）
抗性消音器						
铝合金油箱						
有源消音器						

会计：谢鸿妍　　　　　　　　　财务主管：张　丽

凭证 3-18

存货跌价准备计提表

年　　月　　日　　　　　　　　　　　　　金额单位：元

项目	历史成本	可变现净值	期末余额	期初余额	本期转销的跌价准备金额	本期应计提或转回的跌价准备金额
钢板						
铝合金						
抗性消音器						
铝合金油箱						
有源消音器						

单位财务章：

会计：谢鸿妍　　　　　　　　　财务主管：张　丽

实训四　固定资产与无形资产会计岗

一、固定资产与无形资产会计岗位职责

固定资产与无形资产会计的具体岗位职责如下：

（1）按照制度规定，结合固定资产、无形资产的配置情况，会同有关部门建立、健全固定资产、无形资产的核算与管理制度，并依照企业经营管理要求制定资产目录。

（2）负责初始取得的核算。按照取得固定资产、无形资产的不同来源，正确计算和确定初始入账成本，准时计价入账；对已入账的固定资产、无形资产，除发生有明确规定的状况外，不得任意变动。

（3）负责计提折旧和摊销。按照国家有关规定选择固定资产折旧和无形资产摊销方法，把握折旧和摊销的计提范围，做到不错、不漏，按时计提。

（4）负责后续支出的核算。对于固定资产和无形资产发生的后续支出，按规定进行资本化或费用化处理。

（5）负责出租、出售、报废的核算。根据出租、出售、报废等不同情况，对固定资产、无形资产进行账务处理。

（6）负责明细核算。建立固定资产和无形资产明细核算的凭证传递流程，负责固定资产和无形资产的明细核算。

（7）定期、不定期组织清查盘点。会同有关部门定期或不定期组织固定资产和无形资产的清查盘点工作，汇总清查盘点结果，发现问题，查明原因，按规定程序报批，准时妥当处理。

（8）经常了解固定资产和无形资产的使用状况，按规定计提减值准备，并运用有关核算资料分析利用效果，改善管理工作，向企业提供有价值的会计信息或建议。

（9）完成领导交办的其他工作。

二、实训目的

（1）熟悉固定资产、无形资产出租的核算方法。

（2）熟悉固定资产后续支出的核算方法。

（3）熟悉固定资产盘盈、盘亏的账务处理方法。

（4）熟悉固定资产计提减值准备的账务处理方法。

（5）掌握固定资产、无形资产初始取得的核算方法。

（6）掌握固定资产折旧和无形资产摊销的计提方法和账务处理方法。

（7）掌握固定资产、无形资产出售和报废的账务处理方法。

（8）掌握固定资产、无形资产的总分类账簿和明细分类账簿的登记方法。

三、实训资料

2021 年 4 月 1 日,烟台兴茂机械制造有限公司固定资产和无形资产资料如表 4-1 所示。

表 4-1　2021 年 4 月固定资产和无形资产资料

部门	资产名称	原值	开始使用时间	折旧年限（年）	残值率	已提折旧额	备注
管理部门	建筑物	798 000.00	2015.11.06	20	5%	202 160.00	
	办公设备	201 280.00	2020.11.01	5	4%	12 881.92	
	车辆	114 600.00	2017.09.11	15	5%	25 403.00	
	专利权	480 000.00	2018.09.22	10	0	124 000.00	
	非专利权	310 000.00	2020.02.18	——	0	——	使用寿命不确定
销售部门	建筑物	366 000.00	2015.11.06	20	5%	92 720.00	
	办公设备	57 500.00	2020.11.01	5	4%	3 680.00	
生产车间	建筑物	1 596 000.00	2015.11.06	20	5%	404 320.00	10%出租给烟台神通电气有限公司
	机器设备	847 200.00	2016.02.14	10	5%	409 127.00	
	办公设备	28 800.00	2020.11.01	5	4%	1 843.20	

烟台兴茂机械制造有限公司的上述固定资产和无形资产均未计提过减值准备,在建工程期初余额为 0。

2021 年 4 月,烟台兴茂机械制造有限公司发生的与固定资产和无形资产会计岗相关的经济业务如下:

【1】　2 日,从上海安泰机床有限公司购入不需要安装的机床 1 台,收到增值税专用发票,列示设备价款 106 194.69 元,增值税额 13 805.31 元,用银行存款全额支付。设备已达到预定可使用状态,直接交生产车间使用。

【2】　7 日,向烟台飞龙建筑工程有限公司支付工程款 200 000 元。此工程是 2021 年 3 月 8 日出包给该公司建造的 1 幢车库。

【3】　13 日,办公室委托烟台维特汽修服务中心对小汽车进行日常修理,收到增值税专用发票,价款 1 017.70 元,增值税额 132.30 元,款项尚未支付。

【4】　15 日,生产车间的一台数控机床,因重要部件磨损严重,降低产品合格率,经批准报废转入清理。该设备原值 35 000 元,累计计提折旧 17 179.17 元。

【5】　18 日,购入专利权,价款 210 000 元,增值税额 12 600 元,使用年限 10 年,款项

通过网银转账支付。

【6】　25 日,将已报废的数控机床出售给烟台市废品回收公司,开出增值税专用发票,列明价款 3 849.56 元,增值税额 500.44 元,收到烟台市废品回收公司开具的转账支票 1 张,金额 4 350 元,我公司当天将支票存入中国农业银行。此项设备清理完毕,结转清理净损益。

提示：**出售报废数控机床开出增值税专用发票后,需根据增值税销项税额按 7%、3% 分别核算城市维护建设税与教育费附加。**

【7】　27 日,将原有管理部门用专利权转让给济南信达汽车配件有限公司,开出增值税专用发票,列明价款 370 000 元,增值税额 22 200 元,收到济南信达汽车配件有限公司签发的有效期为 1 个月的银行承兑汇票 1 张。

提示：**出售专利权开出增值税专用发票后,需根据增值税销项税额按 7%、3% 分别核算城市维护建设税与教育费附加。**

【8】　30 日,确认烟台神通电气有限公司 4 月份的厂房租金收入 3 211.01 元。

提示：**预收的厂房租金,烟台兴茂机械制造有限公司记入"预收账款"科目,每月确认租金收入。**

【9】　30 日,对固定资产进行盘点,发现办公室电脑盘亏 1 台。该电脑原值 5 800 元,累计计提折旧 464 元,上报领导批准处理。

【10】　30 日,计提本月固定资产折旧。

【11】　30 日,计提本月无形资产摊销。

【12】　30 日,查明生产车间一台锻压机床原值为 58 600 元,已计提折旧 28 762.83 元,因其工艺技术较落后,预计可收回金额为 26 000 元,计提固定资产减值准备。

四、实训要求

(1) 设置固定资产与无形资产相关账户总账及明细账,包括"固定资产""累计折旧""固定资产减值准备""固定资产清理""无形资产""累计摊销""在建工程",登记期初余额。

(2) 审核并填制经济业务【1】至【12】的原始凭证,对存在问题的原始凭证提出解决方案后,编制记账凭证。

(3) 根据经济业务【1】至【12】的记账凭证和原始凭证登记固定资产与无形资产相关总账。

(4) 月末结账。

五、思政课堂

减税降费助民企：创新研发增底气,转型升级添动力

为进一步鼓励科技型中小企业加大研发费用投入,2017 年 5 月,财政部、国家税务总

局、科技部联合印发了《关于提高科技型中小企业研究开发费用税前加计扣除比例的通知》,将科技型中小企业享受研发费用加计扣除比例由 50% 提高到 75%。2022 年 3 月,财政部、国家税务总局、科技部再次联合印发了《关于进一步提高科技型中小企业研发费用税前加计扣除比例的公告》,将科技型中小企业享受研发费用加计扣除比例由 75% 提高到 100%。

　　从 20 年前"不伤手的洗洁精"到今天"不一样的黑科技",立白在产品研发创新上的优势归功于企业多年来在品牌建设和产品研发上的巨额投入。众所周知,产品研发充满了不确定性,前期投入需要巨大的资金支持。立白集团副总裁谭添表示:"近年来,国家陆续推出了一系列减税降费政策助力民营企业发展。2019 年,集团公司享受增值税减税预计达 6 600 万元,全集团全年预计减税至少 1 亿元,从中释放出来的政策红利有力地支持了立白的品牌建设和产品研发,研发费用加计扣除等税收优惠政策更是进一步提振了我们加大研发力度的信心。"

　　资料来源:国家税务总局,2019-12-24,《减税降费助民企:创新研发增底气 转型升级添动力》,http://www.chinatax.gov.cn/chinatax。

　　请思考:

　　1. 提高科技型中小企业研究开发费用税前加计扣除比例的税收政策对企业的影响有哪些?

　　2. 谈谈你对创新的理解。

六、实训原始凭证

凭证 4-1-1

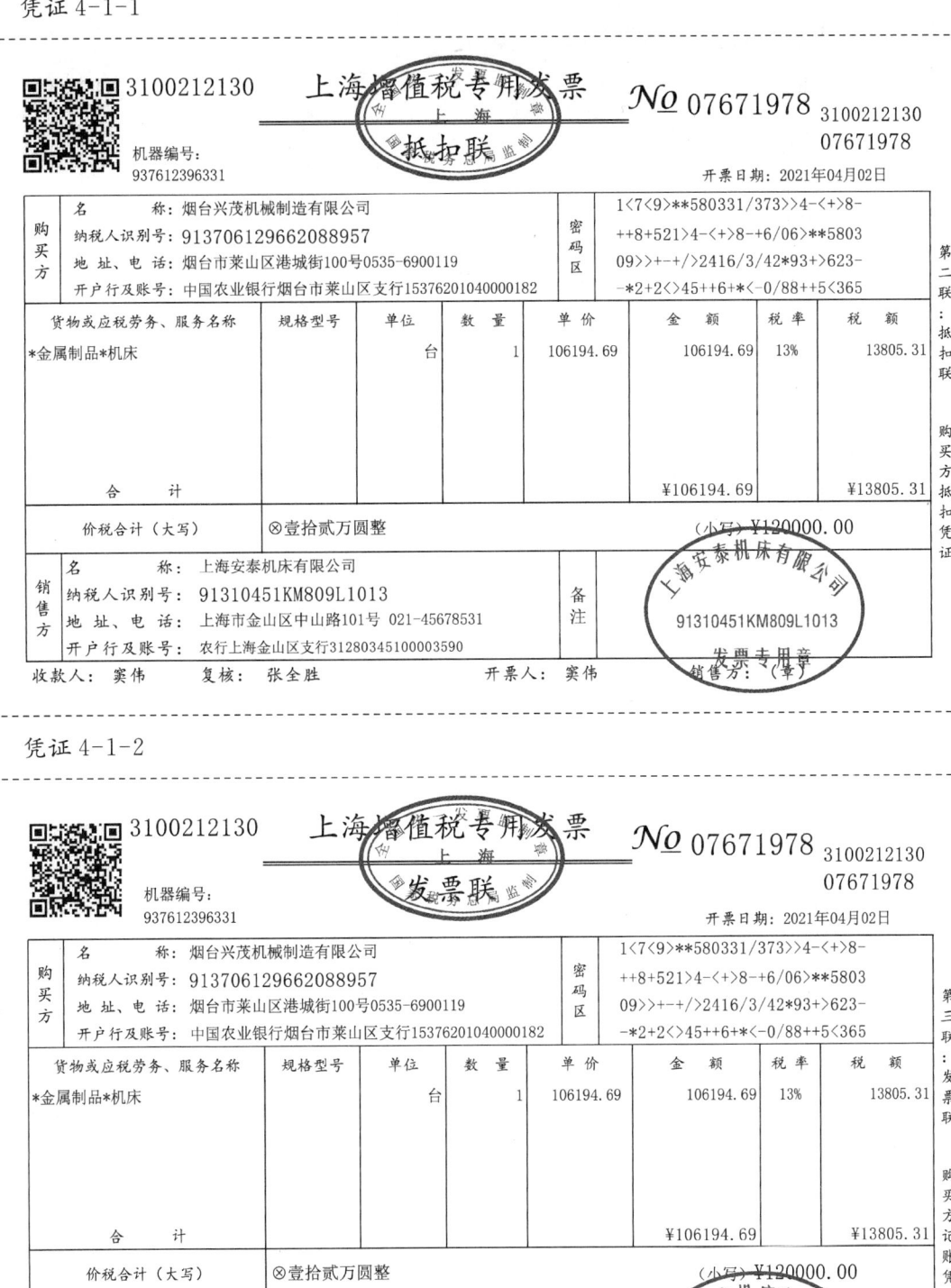

凭证 4-1-2

凭证 4-1-3

 中国农业银行 网上银行电子回单
AGRICULTURAL BANK OF CHINA

电子回单号码：37600569453310052377						
付款方	账 号	15376201040000182	收款方	账 号	31280345100003590	
	户 名	烟台兴茂机械制造有限公司		户 名	上海安泰机床有限公司	
	开户行	中国农业银行烟台市莱山区支行		开户行	农行上海金山区支行	
金额（小写）		￥120,000.00	金额（大写）		壹拾贰万元整	
币种		人民币	交易渠道		BTER	
摘要		转账付款	凭证号		15376202201830439	
交易时间		2021-04-02 09:45:27	会计日期		20210402	
附言			设备款			

打印日期：2021-04-02

凭证 4-1-4

烟台兴茂机械制造有限公司固定资产验收单
2021年 04 月 02日

名称	规格型号	来源	数量	购（造）价	使用年限	预计残值率
机床	—	外购	1	106 194.69元	10年	5%
安装费	月折旧率	建造单位		交工日期	附件	
0.00	0.79%	上海安泰机床有限公司		2021.04.02	增值税专用发票、银行回单	
验收部门	采购部	验收人员	刘伟	管理部门	生产部	
备注						

审核： 张 丽　　　　　　　　　制单： 李丰富

凭证4-2

中国农业银行
AGRICULTURAL BANK OF CHINA

网上银行电子回单

电子回单号码：37600569422780043390

付款方	账　号	15376201040000182	收款方	账　号	15376201040000337
	户　名	烟台兴茂机械制造有限公司		户　名	烟台飞龙建筑工程有限公司
	开户行	中国农业银行烟台市莱山区支行		开户行	中国农业银行烟台市莱山区支行

金额（小写）	￥200,000.00	金额（大写）	贰拾万元整
币种	人民币	交易渠道	BTER
摘要	转账付款	凭证号	15376202202104111
交易时间	2021-04-07 11:42:26	会计日期	20210407
附言		工程款	

打印日期：2021-04-07

凭证4-3-1

3700216130　　山东增值税专用发票　No 07660118　3700216130
抵扣联　　　　　　　　　　　　　　　　　07660118

机器编号：637655437119

开票日期：2021年04月13日

购买方	名　称：烟台兴茂机械制造有限公司 纳税人识别号：913706129662088957 地址、电话：烟台市莱山区港城街100号0535-6900119 开户行及账号：中国农业银行烟台市莱山区支行15376201040000182	密码区	3688*5802261<6<6>*3->-*93+> ++8+508-+6/373>6399635223-> 09 -*2+2<+93+>114-1/373>/3+ -*2+2<+++<-0/885/320+>12<1

货物或应税劳务、服务名称	规格型号	单位	数量	单价	金　额	税率	税　额
*修理修配劳务*汽车修理		台	1	1017.70	1017.70	13%	132.30
合　　计					￥1017.70		￥132.30

价税合计（大写）　⊗壹仟壹佰伍拾圆整　　　（小写）￥1150.00

销售方	名　称：烟台维特汽修服务中心 纳税人识别号：91370613MA946H5U3B 地址、电话：烟台市莱山区银海路528号 0535-6909011 开户行及账号：中国农业银行烟台市莱山区支行15370616000033560	备注	91370613MA946H5U3B 发票专用章

收款人：李迎军　　复核：韩娟　　开票人：李迎军　　销售方：（章）

凭证 4-3-2

3700216130

山东增值税专用发票

发票联

№ 07660118

机器编号：
637655437119

3700216130
07660118

开票日期：2021年04月13日

购买方	名　　　称：烟台兴茂机械制造有限公司 纳税人识别号：913706129662088957 地　址、电　话：烟台市莱山区港城街100号0535-6900119 开户行及账号：中国农业银行烟台市莱山区支行15376201040000182	密码区	3688*5802261<6<6>*3->-*93+> ++8+508-+6/373>6399635223-> 09 -*2+2<+93+>114-1/373>/3+ -*2+2<+++*<-0/885/320+>12<1

货物或应税劳务、服务名称	规格型号	单位	数量	单价	金额	税率	税额
*修理修配劳务*汽车修理		台	1	1017.70	1017.70	13%	132.30
合　　计					¥1017.70		¥132.30

价税合计（大写）	⊗壹仟壹佰伍拾圆整	（小写）¥1150.00

销售方	名　　　称：烟台维特汽修服务中心 纳税人识别号：91370613MA946H5U3B 地　址、电　话：烟台市莱山区银海路528号 0535-6909011 开户行及账号：中国农业银行烟台市莱山区支行15370616000033560	备注	91370613MA946H5U3B

收款人：李迎军　　　　复核：韩娟　　　　开票人：李迎军　　　　销售方：（章）

第三联：发票联 购买方记账凭证

凭证 4-4

固定资产报废申请表

申请单位（盖章）

设备名称	数控机床	原　　值(元)	35,000.00
设备编号	0403990004	净 残 值(元)	1,750.00
购买时间	2016.02	累计折旧(元)	17,179.17
启用时间	2016.02	使用年限(年)	10
报废时间		2021.04	

报废原因	设备老旧，重要部件磨损严重，产品合格率降低，特申请报废。 申请单位负责人（签名）：孙思泽 2021年 4 月12日
专业人员意见	**同意** 签名：姜书楠 2021年 4 月 13日
财务部门意见	**同意** 签章： 张　丽 2021年 4 月 14 日
总经理审批意见	**同意** 签章： 孔祥瑞 2021年 4 月 15日

凭证 4-5-1

| 购买方 | 名　　称：烟台兴茂机械制造有限公司
纳税人识别号：913706129662088957
地址、电话：烟台市莱山区港城街100号0535-6900119
开户行及账号：中国农业银行烟台市莱山区支行15376201040000182 | 密码区 | /373>67<692<<1<6<6>**580331
4-<+>/0<38+70/339/>++8+505>
09>>+-*93+>41*2<-36117/3/45
-*2+88++5/32+34<70+6+*<6<>1 |

北京增值税专用发票 No 87654132　　1100213140
抵扣联　　　　　　　　　　　　　87654132

机器编号：635517438216　　开票日期：2021年04月18日

货物或应税劳务、服务名称	规格型号	单位	数量	单价	金额	税率	税额
*研发和技术服务*A专利权			1	210000.00	210000.00	6%	12600.00
合　　计					¥210000.00		¥12600.00

| 价税合计（大写） | ⊗贰拾贰万贰仟陆佰圆整 | | （小写）¥222600.00 |

| 销售方 | 名　　称：北京科庆达技术研发中心
纳税人识别号：91110108400010267K
地址、电话：北京市朝阳区新嘉园东里一区18号 010-5002603
开户行及账号：农行北京朝阳新城支行22090104000003928 | 备注 | |

收款人：于智峰　　复核：朱笑伟　　开票人：刘焕　　销售方：（章）

第二联：抵扣联　购买方抵扣凭证

凭证 4-5-2

| 购买方 | 名　　称：烟台兴茂机械制造有限公司
纳税人识别号：913706129662088957
地址、电话：烟台市莱山区港城街100号0535-6900119
开户行及账号：中国农业银行烟台市莱山区支行15376201040000182 | 密码区 | /373>67<692<<1<6<6>**580331
4-<+>/0<38+70/339/>++8+505>
09>>+-*93+>41*2<-36117/3/45
-*2+88++5/32+34<70+6+*<6<>1 |

北京增值税专用发票 No 87654132　　1100213140
发票联　　　　　　　　　　　　　87654132

机器编号：635517438216　　开票日期：2021年04月18日

货物或应税劳务、服务名称	规格型号	单位	数量	单价	金额	税率	税额
*研发和技术服务*A专利权			1	210000.00	210000.00	6%	12600.00
合　　计					¥210000.00		¥12600.00

| 价税合计（大写） | ⊗贰拾贰万贰仟陆佰圆整 | | （小写）¥222600.00 |

| 销售方 | 名　　称：北京科庆达技术研发中心
纳税人识别号：91110108400010267K
地址、电话：北京市朝阳区新嘉园东里一区18号 010-5002603
开户行及账号：农行北京朝阳新城支行22090104000003928 | 备注 | |

收款人：于智峰　　复核：朱笑伟　　开票人：刘焕　　销售方：（章）

第三联：发票联　购买方记账凭证

凭证 4-5-3

 中国农业银行
AGRICULTURAL BANK OF CHINA　　　**网上银行电子回单**

电子回单号码：37600569422780043248

付款方	账　号	15376201040000182	收款方	账　号	22090104000003928
	户　名	烟台兴茂机械制造有限公司		户　名	北京科庆达技术研发中心
	开户行	中国农业银行烟台市莱山区支行		开户行	农行北京朝阳新城支行
金额（小写）		¥222,600.00	金额（大写）		贰拾贰万贰仟陆佰元整
币种		人民币	交易渠道		BTER
摘要		转账付款	凭证号		15376202202104123
交易时间		2021-04-18 14:42:22	会计日期		20210418
附言			专利技术款		

中国农业银行股份有限公司
回单专用章

打印日期：2021-04-18

凭证 4-6-1

 3700212130　　　**山东增值税专用发票**　　　No 03355126　　3700212130
　　　　　此联不作报销、扣税凭证使用　　　　　　　　　　　　03355126

机器编号：
331217988664　　　　　　　　　　　　　　　　　　　开票日期：2021年04月25日

购买方	名　　　称：烟台市废品回收公司 纳税人识别号：913706012125KL2362 地址、电话：烟台市莱山区盛泉路88号 0535-6901995 开户行及账号：农行莱山区盛泉路支行3701188000594812297	密码区	3635223->-*93*580+>61<6<6>* ++8+508-+6/373>635215>4-<56 09>>+-*+31/373>/42/93+>553+ -*2+2>45+6+*<-0<++5/320+/45	第一联：记账联　销售方记账凭证

货物或应税劳务、服务名称	规格型号	单位	数量	单价	金额	税率	税额
*报废机床		台	1	3,849.560	3,849.56	13%	500.44
合　计					¥3849.56		¥500.44

价税合计（大写）　⊗肆仟叁佰伍拾圆整　　　　　　　　（小写）¥4350.00

销货方	名　　　称：烟台兴茂机械制造有限公司 纳税人识别号：913706129662088957 地址、电话：烟台市莱山区港城街100号0535-6900119 开户行及账号：中国农业银行烟台市莱山区支行15376201040000182	备注	烟台兴茂机械制造有限公司 913706129662088957 发票专用章

收款人：王小刚　　　复核：谢鸿妍　　　开票人：李丰富　　　销售方：（章）

凭证4-6-2（复印件）

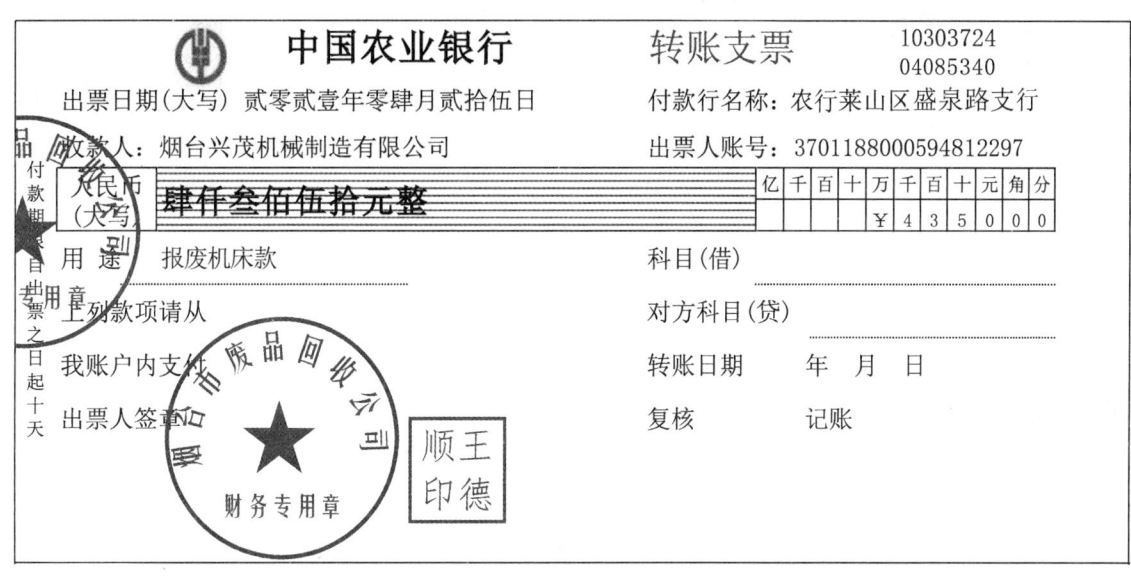

中国农业银行　转账支票

10303724
04085340

出票日期（大写）贰零贰壹年零肆月贰拾伍日

付款行名称：农行莱山区盛泉路支行

收款人：烟台兴茂机械制造有限公司

出票人账号：3701188000594812297

人民币（大写）　肆仟叁佰伍拾元整

亿	千	百	十	万	千	百	十	元	角	分
				¥	4	3	5	0	0	0

用途　报废机床款

科目（借）

上列款项请从
我账户内支付

对方科目（贷）

出票人签章

转账日期　年　月　日

复核　　记账

（财务专用章：烟台市废品回收公司）

（印章：顺王印德）

凭证4-6-3

中国农业银行　进账单（回单）

2021年 04月25日

出票人	全称	烟台市废品回收公司	收款人	全称	烟台兴茂机械制造有限公司
	账号	3701188000594812297		账号	15376201040000182
	开户银行	农行莱山区盛泉路支行		开户银行	中国农业银行烟台市莱山区支行

金额	人民币（大写）	肆仟叁佰伍拾元整	已受理	亿	千	百	十	万	千	百	十	元	角	分
								¥	4	3	5	0	0	0

票据种类	支票	票据张数	1
票据号码	04085340		

此联是开户银行交给持票人的回单

凭证 4-6-4

中国农业银行　　　网上银行电子回单
AGRICULTURAL BANK OF CHINA

电子回单号码：37650221492611433348					
付款方	账　号	3701188000594812297	收款方	账　号	15376201040000182
	户　名	烟台市废品回收公司		户　名	烟台兴茂机械制造有限公司
	开户行	农行莱山区盛泉路支行		开户行	中国农业银行烟台市莱山区支行
金额（小写）		￥4,350.00	金额（大写）		肆仟叁佰伍拾元整
币种		人民币	交易渠道		ACIS
摘要		转账收款	凭证号		15376206201051137
交易时间		2021-04-25　15:32:08	会计日期		20210425
附言		转账支票收款			（中国农业银行股份有限公司 回单专用章）

打印日期：2021-04-25

凭证 4-6-5

报废机床城市维护建设税计算表

单位：烟台兴茂机械制造有限公司　　　　　　　　　所属期：2021年04月

应交增值税(元)	应交城市维护建设税	
	税率	金额(元)

会计：李丰富　　　　　财务主管：张 丽

凭证 4-6-6

报废机床教育费附加计算表

单位：烟台兴茂机械制造有限公司　　　　　　　　　所属期：2021年04月

应交增值税（元）	应交教育费附加	
	税率	金额（元）

会计： 李丰富　　　　　　　财务主管： 张 丽

凭证 4-7-1

山东增值税电子专用发票

发票代码：037002100911
发票号码：00199046
开票日期：2021年04月27日
校验码：56663 73123 22408 15497

机器编号：667104650068

购买方	名　　称： 济南信达汽车配件有限公司 纳税人识别号： 9137010346JK256P03 地址、电话： 济南市中区北园路612号0531-56890231 开户行及账号： 中国农业银行济南市中区支行153706431940000239	密码区	1<9<9>*12578<>*9974>*<*58033467 ++53<20/>>15>4-<45+70/4+>/0134 09>>+-*93+>>*77/3/45419/3/4>0* -*2+88++5/320--+160+9+*<4<>333

项目名称	规格型号	单位	数量	单价	金　额	税率	税　额
*专利技术转让*专利权			1	370,000.000	370,000.00	6%	22200.00
合　　计					¥370000.00		¥22200.00

价税合计（大写）	⊗叁拾玖万贰仟贰佰圆整	（小写）¥392200.00

销货方	名　　称： 烟台兴茂机械制造有限公司 纳税人识别号： 913706129662088957 地址、电话： 烟台市莱山区港城街100号0535-6900119 开户行及账号： 中国农业银行烟台市莱山区支行15376201040000182	备注	

收款人：王小刚　　　　　复核：谢鸿妍　　　　　开票人：李丰富

凭证 4-7-2

中国农业银行
AGRICULTURAL BANK OF CHINA

电子银行承兑汇票

出票日期：2021-04-27

汇票到期日：2021-05-27

票据状态：已签收

票据号码：13134560882022018062521235569

出票人	账 号	153706431940000239	收款方	账 号	15376201040000182
	全 称	济南信达汽车配件有限公司		全 称	烟台兴茂机械制造有限公司
	开户行	中国农业银行济南市中区支行		开户行	中国农业银行烟台市莱山区支行
	开户行号	103452001014		开户行号	103456039410
出票人保证信息	保证人账号：			保证人开户行：	
	保证人名称：			保证人开户行号：	
票据金额	小写：392200.00		人民币（大写）：叁拾玖万贰仟贰佰元整		
承兑人	承兑人账号：0		承兑人开户行：		
	承兑人名称：中国农业银行济南市中区支行		承兑人开户行号：103393039003		
交易合同号：	—		承兑信息	出票人承诺：本汇票请予以承兑，到期无条件付款	
是否可转让：	可再转让			承兑人承兑：本汇票已经承兑，到期无条件付款 承兑日期 2021-04-27	
承兑人保证信息	保证人账号：		保证人开户行：		
	保证人名称：		保证人开户行号：		
评级信息	出票人	评级主体：同安农行	信用等级：A	评级到期日：2022-07-22	
备注：					

凭证 4-7-3

出售专利权城市维护建设税计算表

单位：烟台兴茂机械制造有限公司   所属期：2021年04月

应交增值税（元）	应交城市维护建设税	
	税率	金额（元）

会计：李丰富   财务主管：张 丽

凭证 4-7-4

出售专利权教育费附加计算表

单位：烟台兴茂机械制造有限公司　　　　　　　　　所属期：2021年04月

应交增值税(元)	应交教育费附加	
	税率	金额(元)

会计：李丰富　　　　　　　财务主管：张 丽

凭证 4-8

厂房租金收入明细

单位：烟台兴茂机械制造有限公司　　　　　　　　　所属期间：2021年04月

项目	对方科目	确认日期	租金收入总额	期限	本期确认租金收入金额	累计确认收入期数	累计确认租金收入金额
厂房租金收入	预收账款	2020/12/30	￥19,266.06	6个月	￥3,211.01	4	￥12,844.04

审核：张 丽　　　　　　　制单：李丰富

凭证 4-9-1

烟台兴茂机械制造有限公司固定资产账存实存对比表

盘点编制(章)   盘点时间：2021年04月30日

序号	固定资产名称	规格型号	存放地点	购置时间	使用年限	计量单位	正常使用	停用	维修	报废	账面数量	盘点数量	盘亏（盘盈）数量
001	电脑	联想S660	办公室	2020.11	5	台	√				5	4	-1
002	打印机	HP1526	办公室	2020.11	5	台	√				2	2	0
003	财务专用柜	铁皮，5格	办公室	2020.11	5	个	√				1	1	0
004	办公桌	木质	办公室	2020.11	5	张	√				3	3	0
005	办公椅	不锈钢架	办公室	2020.11	5	把	√				4	4	0
006	碎纸机	得力27530	办公室	2020.11	5	台	√				1	1	0
007	茶几	木质	办公室	2020.11	5	台	√				1	1	0
008	沙发	皮质	办公室	2020.11	5	组	√				1	1	0
009	车辆	别克	办公室	2017.09	15	辆	√				1	1	0
010	电脑	联想S660	财务部	2020.11	5	台	√				4	4	0
011	打印机	HP1526	财务部	2020.11	5	台	√				2	2	0
012	凭证装订机	得力14601	财务部	2020.11	5	台	√				1	1	0
013	办公桌	木质	财务部	2020.11	5	张	√				4	4	0
014	办公椅	不锈钢架	财务部	2020.11	5	把	√				5	5	0
015	碎纸机	得力27530	财务部	2020.11	5	台	√				1	1	0
016	档案柜	铁皮，6格	财务部	2020.11	5	个	√				3	3	0
017	电脑	联想S660	采购部	2020.11	5	台	√				2	2	0
018	打印机	HP1526	采购部	2020.11	5	台	√				1	1	0
019	办公桌	木质	采购部	2020.11	5	张	√				2	2	0
020	办公椅	不锈钢架	采购部	2020.11	5	把	√				2	2	0
021	档案柜	铁皮，4格	采购部	2020.11	5	个	√				1	1	0
022	电脑	联想S660	销售部	2020.11	5	台	√				2	2	0
023	打印机	HP1526	销售部	2020.11	5	台	√				1	1	0
024	办公桌	木质	销售部	2020.11	5	张	√				2	2	0
025	办公椅	不锈钢架	销售部	2020.11	5	把	√				2	2	0
026	档案柜	铁皮，6格	销售部	2020.11	5	个	√				1	1	0
027	茶几	木质	销售部	2020.11	5	台	√				1	1	0
028	沙发	皮质	销售部	2020.11	5	组	√				1	1	0
029	电脑	联想S660	仓储部	2020.11	5	台	√				2	2	0
030	打印机	HP1526	仓储部	2020.11	5	台	√				1	1	0
031	办公桌	木质	仓储部	2020.11	5	张	√				2	2	0
032	办公椅	不锈钢架	仓储部	2020.11	5	把	√				2	2	0
033	档案柜	铁皮，4格	仓储部	2020.11	5	个	√				2	2	0
034	电脑	联想S660	生产部	2020.11	5	台	√				2	2	0
035	打印机	HP1526	生产部	2020.11	5	台	√				1	1	0
036	办公桌	木质	生产部	2020.11	5	张	√				2	2	0
037	办公椅	不锈钢架	生产部	2020.11	5	把	√				2	2	0
038	档案柜	铁皮，4格	生产部	2020.11	5	个	√				1	1	0
039	数控机床	/	生产部	2016.02	10	台	√				9	9	0
040	数控机床	/	生产部	2021.04	10	台	√				1	1	0
041	锻压机床	/	生产部	2016.02	10	台	√				5	5	0
042	缩口机	/	生产部	2016.02	10	台	√				5	5	0
043	焊接机	/	生产部	2016.02	10	台	√				5	5	0
044	折方机	/	生产部	2016.02	10	台	√				3	3	0
045	办公楼	/	/	2015.11	20	栋	√				1	1	0
046	厂房	/	生产部	2015.11	20	幢	√				1	1	0

总经理： 孔祥瑞　　审核： 张丽　　盘点人： 李丰富　　制单： 李丰富

凭证 4-9-2

烟台兴茂机械制造有限公司固定资产减少申请书

申请部门	办公室	申请日期	2021年4月
固定资产名称	电脑（联想S660）	购置时间	2020年11月
使用部门	办公室		
原值	5 800元		
已提折旧	278.4元		
减少原因	盘亏		
公司意见	无法查明原因，批准注销		

总经理：　　　　复核：　　　　会计：李丰富　　　制单：宋成亮

凭证 4-10

烟台兴茂机械制造有限公司固定资产折旧计提表
年　　月

部门	资产名称	原值	折旧年限	残值率	折旧方法	月折旧额
管理部门	建筑物	798,000.00	20	5%	年限平均法	
	办公设备	201,280.00	5	4%	年限平均法	
	车辆	114,600.00	15	5%	年限平均法	
	合计	1,113,880.00	–	–	–	
销售部门	建筑物	366,000.00	20	5%	年限平均法	
	办公设备	57,500.00	5	4%	年限平均法	
	合计	423,500.00	–	–	–	
生产车间	建筑物	1,436,400.00	20	5%	年限平均法	
	机器设备	847,200.00	10	5%	年限平均法	
	办公设备	28,800.00	5	4%	年限平均法	
	合计	2,312,400.00	–	–	–	
出租	建筑物	159,600.00	20	5%	年限平均法	
	合计	159,600.00	–	–	–	

审核：张丽　　　　　　　　　　制单：李丰富

凭证 4-11

烟台兴茂机械制造有限公司无形资产摊销计提表

年　　月

部门	资产名称	原值	折旧年限	残值率	折旧方法	月折旧额
	非专利权	310,000.00	不确定	0	—	
管理部门	专利权	210,000.00	10	0	年限平均法	
	合计	520,000.00	—	0	—	

审核：张　丽　　　　　　　　制单：李丰富

凭证 4-12

烟台兴茂机械制造有限公司固定资产减值准备计算表

年　　月

资产名称	期末账面价值				可收回金额	本期提取金额
	原价	累计折旧	账面减值准备金额	账面价值		
机器设备						
合计						

审核：张　丽　　　　　　　　制单：李丰富

实训五 薪酬会计岗

一、薪酬会计岗位职责

薪酬会计的具体岗位职责如下：

(1) 贯彻执行国家有关职工薪酬方面的政策、法规，会同企业有关部门制定本单位各项职工薪酬的计算、发放的具体标准、程序、方法。

(2) 编制职工薪酬财务预算。在财务负责人的指导下，编制年度职工薪酬计划，并定期对计划执行情况进行分析。

(3) 实施职工薪酬的日常会计核算，具体包括：①负责企业职工的工资动态管理，每月根据考勤表或计件工资统计表，依据出勤天数、岗位标准、各种补贴和奖金分配方案等内容，编制工资结算表。②根据个人所得税法规定计算个人所得税，代扣代缴个人所得税款。③负责计提、汇缴职工住房公积金，做好住房公积金查询和管理工作。④根据社会保障中心提供的养老保险金、医疗保险金、失业保险金、生育保险金和工伤保险金清单，计算企业与职工个人所承担的各类社会保险，上缴各类社会保险。⑤负责各项货币性和非货币性职工福利的核算与发放。⑥负责职工薪酬的发放。

(4) 按照工资支付对象和成本核算的要求，编制工资费用分配表，向有关部门提供工资分配的明细资料，并进行工资分配账务处理。

(5) 建立工资台账，及时、准确地编制职工薪酬方面的统计报表，编制有关的统计分析报告和提出改革建议。

(6) 完成领导交办的其他工作。

二、实训目的

(1) 了解应付职工薪酬的核算内容。
(2) 熟悉工资、"五险一金"的计算方法。
(3) 掌握应付职工薪酬相关的账务处理方法。
(4) 掌握应付职工薪酬相关总分类账和明细分类账的登记方法。

三、实训资料

烟台兴茂机械制造有限公司为职工缴纳基本养老保险、基本医疗保险、失业保险、工伤保险、生育保险和住房公积金(以下简称"五险一金")。其中，基本养老保险、基本医疗保险、失业保险、工伤保险和生育保险(以下简称"五险")的计算依据是烟台市企业职工社会保险2021年度月最低缴费基数3 457元(2021年9月调整为3 746元)；住房公积金的计算依据是当月工资总额。烟台兴茂机械制造有限公司于每月 8 日发放上一个月的工资,每月 13 日收到上一个月山东省社会保险基金的专用票据。

烟台兴茂机械制造有限公司 2021 年度"五险一金"单位与个人缴费比例如表 5-1 所示。

表 5-1   2021 年度烟台兴茂机械制造有限公司"五险一金"缴费比例

项目	基本养老保险	基本医疗保险	失业保险	工伤保险	生育保险	住房公积金
单位缴费比例	16%	7%	0.7%	0.84%	1%	8%
个人缴费比例	8%	2%	0.3%	0	0	8%
合计	24%	9%	1%	0.84%	1%	16%

2021 年 2 月 1 日,公司应付职工薪酬账户期初余额如表 5-2 所示。

表 5-2   应付职工薪酬账户期初余额

总账科目	明细科目	借贷方向	期初余额	账户格式
应付职工薪酬	工资	贷	121 870.00	三栏式
	基本养老保险	贷	14 381.12	三栏式
	基本医疗保险	贷	6 291.74	三栏式
	失业保险	贷	629.17	三栏式
	工伤保险	贷	755.01	三栏式
	生育保险	贷	898.82	三栏式
	住房公积金	贷	9 749.60	三栏式
	职工福利	平	0.00	三栏式
	非货币性福利	平	0.00	三栏式
	工会经费	平	0.00	三栏式
	职工教育经费	平	0.00	三栏式
合计		贷	154 575.46	—

2021 年 2 月,烟台兴茂机械制造有限公司发生的与薪酬会计岗相关的经济业务如下:

【1】   1 日,公司按照每月 200 元的标准给每位员工伙食补贴,本月补贴费以转账支票支付,已充值到员工的餐卡中。

【2】   8 日,根据 1 月份的"工资结算表"和"工资结算汇总表",通过网上银行支付公司 2021 年 1 月份工资,并结转社会保险与住房公积金中个人的代扣代缴部分。

提示:公司通过企业网上银行支付员工工资,此处仅列示一名员工的工资回单,其他员工工资回单略。

【3】   13 日,收到烟台市社会保险服务中心发来的 1 月份职工社会保险基金结算表,

我公司已办理银行托管业务,银行账户扣款完成社会保险金缴纳。

【4】 13日,通过企业网上银行缴纳1月份住房公积金,共计19 499.20元。

【5】 15日,用现金支付行政专员罗鑫的困难补助3 000元。

【6】 18日,为总经理孔祥瑞租住的公寓租金本月到期,续交第二季度房屋租金,共计12 000元,收到烟台安居不动产租赁公司开具的增值税普通发票。

【7】 25日,外购饮料作为职工福利发放给公司员工,以转账支票支付1 820元,收到烟台家家悦超市有限公司开具的增值税电子普通发票。

【8】 28日,根据"工资结算表"和"工资结算汇总表"计算并分配本月工资。

提示:除销售部门员工外,其他部门员工应纳税所得额均为0,不缴纳个人所得税。2021年1月,徐瑞诚和王开华的应发工资均为8 030元;2021年2月,徐瑞诚应发工资为8 790元,王开华的应发工资为6 810元。徐瑞诚和王开华均无专项附加扣除项目。根据个人所得税法规定,居民个人工资、薪金所得预扣率如表5-3所示。

表5-3 居民个人工资、薪金所得预扣率表

级数	累计预扣预缴应纳税所得额	预扣率	速算扣除数(元)
1	不超过36 000元的部分	3%	0
2	超过36 000元至144 000元的部分	10%	2 520
3	超过144 000元至300 000元的部分	20%	16 920
4	超过300 000元至420 000元的部分	25%	31 920
5	超过420 000元至660 000元的部分	30%	52 920
6	超过660 000元至960 000元的部分	35%	85 920
7	超过960 000元的部分	45%	181 920

个人所得税相关计算公式如下:

$$本期应预扣预缴税额 = \left(累计预扣预缴应纳税所得额 \times 预扣率 - 速算扣除数\right) - 累计减免税额 - 累计已预扣预缴税额$$

$$累计预扣预缴应纳税所得额 = 累计收入 - 累计免税收入 - 累计减除费用 - 累计专项扣除 - 累计专项附加扣除 - 累计依法确定的其他扣除$$

其中,减除费用按每人每月5 000元的标准执行,累计专项扣除是指截至本月居民个人按照国家规定范围和标准缴纳的"三险一金",即基本养老保险、基本医疗保险、失业保险和住房公积金。

【9】 28日,计算并分配本月公司承担的"五险一金"费用。

【10】 28日,计算并分配本月工会经费和职工教育经费。

提示:公司分别按照当月工资总额的2%计提工会经费,按照当月工资总额的5%计提职工教育经费。

【11】 28 日,分配本月总经理孔祥瑞的公寓租赁费 4 000 元。

【12】 28 日,分配本月发放的元气森林饮料福利费 1 820 元。

【13】 28 日,分配本月职工伙食补贴费 5 200 元。

四、实训要求

(1) 设置应付职工薪酬总账和明细账,登记期初余额。

(2) 填制并审核经济业务【1】至【13】的相关原始凭证,对有问题的原始凭证,提出解决方案后编制记账凭证。

(3) 根据经济业务【1】至【13】的记账凭证和原始凭证,登记应付职工薪酬明细账和总账。

(4) 月末结账。

五、思政课堂

京东物流援沪

武汉新冠肺炎疫情期间,京东捐赠了 236 万件医疗设备。河南暴雨,京东为河南累计筹集了 208 万件救援物资、食品和医疗物资在内的各类物资。如今上海疫情复发,在上海人民为生活物资匮乏而发愁的时候,京东作出了一项重大决定。

为了更好地驰援上海,将大量的物资运往上海,京东采取了一种单向物流模式。京东物流从广东、河南、新疆和甘肃等地调集了 3 246 名年轻快递员,分成 14 批次分别进入上海,想要通过循环实现每天都有物流运输,如此悲壮的行动,感动了全国人民。为保证员工身体健康,完成援沪计划,京东为 3 246 名"小哥"承担了隔离期间的所有费用。

对于援沪的京东快递员,向来以"毒舌"著称的罗永浩也忍不住点赞:"不该喊他们小哥,他们是壮士。"壮士,并非无坚不摧,他们也是会感到疲倦的平凡人。关键时期的挺身而出,成就了他们最不平凡的时刻。

资料来源:抖星知识局微信公众号,2022-4-20,《京东"敢死队"驰援上海,"自杀式"救援被质疑?》,https://mp.weixin.qq.com/s/c6d0CVMGoZHp7kTuyLjTnw。

请思考:

1. 京东为援沪职工承担的隔离费应如何进行账务处理?

2. 对于京东的"自杀式物流"援沪行为,你有何感想?

六、实训原始凭证

凭证 5-1-1

中国农业银行
转账支票存根
10303726
49133583

烟台证券印制有限公司·2021年印制

附加信息	
出票日期 2021年02月01日	
收款人： 山东极速客餐饮有限公司	
金额： ￥5 200.00	
用途： 伙食补贴	
单位主管 张 丽	**会计** 李丰富

凭证 5-1-2

 中国农业银行
AGRICULTURAL BANK OF CHINA　　**网上银行电子回单**

电子回单号码：37600569453310052114					
付款方	账　号	15376201040000182	收款方	账　号	1537064316660005719
	户　名	烟台兴茂机械制造有限公司		户　名	山东极速客餐饮有限公司
	开户行	中国农业银行烟台市莱山区支行		开户行	中国农业银行济南济阳支行
金额（小写）		￥5,200.00	金额（大写）		伍仟贰佰元整
币种		人民币	交易渠道		BTER
摘要		转账付款	凭证号		15376202201822158
交易时间		2021-02-01 16:42:11	会计日期		20210201
附言			员工餐补		

打印日期：2021-02-01

凭证 5-2-1

烟台兴茂机械制造有限公司工资结算明细表

2021年1月 单位：元

序号	姓名	部门	基本工资	绩效工资	加班补贴	工龄工资	应付工资	代扣款项					个人所得税	实发金额
								基本养老保险费	失业保险费	基本医疗保险费	住房公积金	合计		
1	孔祥瑞	办公室	2 300.00	3 950.00	210.00	280.00	6 740.00	276.56	10.37	69.14	539.20	895.27	0.00	5 844.73
2	李晟鑫	办公室	2 100.00	2 870.00	160.00	200.00	5 330.00	276.56	10.37	69.14	426.40	782.47	0.00	4 547.53
3	罗鑫	办公室	1 700.00	2 080.00	120.00	120.00	4 020.00	276.56	10.37	69.14	321.60	677.67	0.00	3 342.33
4	张丽	财务部	2 350.00	2 960.00	210.00	240.00	5 760.00	276.56	10.37	69.14	460.80	816.87	0.00	4 943.13
5	王小刚	财务部	1 600.00	2 010.00	150.00	100.00	3 860.00	276.56	10.37	69.14	308.80	664.87	0.00	3 195.13
6	谢鸿妍	财务部	1 750.00	2 380.00	160.00	140.00	4 430.00	276.56	10.37	69.14	354.40	710.47	0.00	3 719.53
7	李丰富	财务部	1 750.00	2 470.00	140.00	120.00	4 480.00	276.56	10.37	69.14	358.40	714.47	0.00	3 765.53
8	刘伟	采购部	2 100.00	2 750.00	110.00	100.00	5 060.00	276.56	10.37	69.14	404.80	760.87	0.00	4 299.13
9	刘星	采购部	1 600.00	2 235.00	80.00	140.00	4 055.00	276.56	10.37	69.14	324.40	680.47	0.00	3 374.53
10	于传强	仓储部	1 800.00	2 310.00	50.00	100.00	4 260.00	276.56	10.37	69.14	340.80	696.87	0.00	3 563.13
11	赵小英	仓储部	1 300.00	2 035.00	0.00	80.00	3 415.00	276.56	10.37	69.14	273.20	629.27	0.00	2 785.73
12	徐瑞诚	销售部	2 000.00	5 330.00	320.00	380.00	8 030.00	276.56	10.37	69.14	642.40	998.47	60.95	6 970.58
13	王开华	销售部	1 600.00	6 130.00	140.00	160.00	8 030.00	276.56	10.37	69.14	642.40	998.47	60.95	6 970.58
14	王加成	生产部	2 300.00	2 630.00	110.00	390.00	5 430.00	276.56	10.37	69.14	434.40	790.47	0.00	4 639.53
15	孙思泽	生产部	1 980.00	2 450.00	230.00	220.00	4 880.00	276.56	10.37	69.14	390.40	746.47	0.00	4 133.53
16	贾凯鸿	生产部	1 620.00	1 970.00	180.00	180.00	3 950.00	276.56	10.37	69.14	316.00	672.07	0.00	3 277.93
17	杨文栋	生产部	1 620.00	2 050.00	270.00	120.00	4 060.00	276.56	10.37	69.14	324.80	680.87	0.00	3 379.13
18	王凡思	生产部	1 620.00	2 030.00	310.00	120.00	4 080.00	276.56	10.37	69.14	326.40	682.47	0.00	3 397.53
19	赵静	生产部	1 620.00	1 920.00	90.00	80.00	3 710.00	276.56	10.37	69.14	296.80	652.87	0.00	3 057.13
20	刘思琦	生产部	1 620.00	1 860.00	220.00	140.00	3 840.00	276.56	10.37	69.14	307.20	663.27	0.00	3 176.73
21	杨硕	生产部	1 620.00	2 070.00	340.00	80.00	4 110.00	276.56	10.37	69.14	328.80	684.87	0.00	3 425.13
22	孙铭涵	生产部	1 620.00	2 180.00	190.00	140.00	4 130.00	276.56	10.37	69.14	330.40	686.47	0.00	3 443.53
23	朱艳霞	生产部	1 620.00	2 060.00	270.00	120.00	4 070.00	276.56	10.37	69.14	325.60	681.67	0.00	3 388.33
24	周伟	生产部	1 620.00	1 960.00	210.00	160.00	3 950.00	276.56	10.37	69.14	316.00	672.07	0.00	3 277.93
25	浦佳成	生产部	1 620.00	1 950.00	180.00	260.00	4 010.00	276.56	10.37	69.14	320.80	676.87	0.00	3 333.13
26	刘先锋	生产部	1 620.00	2 100.00	240.00	220.00	4 180.00	276.56	10.37	69.14	334.40	690.47	0.00	3 489.53
合计	—	—	46 050.00	66 740.00	4 690.00	4 390.00	121 870.00	7 190.56	269.62	1 797.64	9 749.60	19 007.42	121.90	102 740.68

会计：李丰富　　　　复核：谢鸿妍　　　　财务主管：张丽　　　　总经理：孔祥瑞

凭证 5-2-2

烟台兴茂机械制造有限公司工资结算汇总表

2021年1月1日 人数：26人 单位：元

部门		基本工资	绩效工资	加班补贴	工龄工资	应付工资	代扣款项				合计	个人所得税	实发金额
							基本养老保险费（8%）	失业保险费（0.3%）	基本医疗保险费（2%）	住房公积金（8%）			
生产部门	生产人员	19,800.00	24,600.00	2,730.00	1,840.00	48,970.00	3,318.72	124.44	829.68	3,917.60	8,190.44	0.00	40,779.56
	管理人员	2,300.00	2,630.00	110.00	390.00	5,430.00	276.56	10.37	69.14	434.40	790.47	0.00	4,639.53
	合计	22,100.00	27,230.00	2,840.00	2,230.00	54,400.00	3,595.28	134.81	898.82	4,352.00	8,980.91	0.00	45,419.09
行政部门		20,350.00	28,050.00	1,390.00	1,620.00	51,410.00	3,042.16	114.07	760.54	4,112.80	8,029.57	0.00	43,380.43
销售部门		3,600.00	11,460.00	460.00	540.00	16,060.00	553.12	20.74	138.28	1,284.80	1,996.94	121.90	13,941.16
合计		46,050.00	66,740.00	4,690.00	4,390.00	121,870.00	7,190.56	269.62	1,797.64	9,749.60	19,007.42	121.90	102,740.68

会计：李丰富　　　　复核：谢鸿妍　　　　财务主管：张丽　　　　总经理：孔祥瑞

凭证 5-2-3

中国农业银行 网上银行电子回单

AGRICULTURAL BANK OF CHINA

付款方	账 号	15376201040000182	收款方	账 号	6228460260003382070
	户 名	烟台兴茂机械制造有限公司		户 名	王小刚
	开户行	中国农业银行烟台市莱山区支行		开户行	中国农业银行烟台市莱山区支行

金额（小写）	¥3,195.13	金额（大写）	叁仟壹佰玖拾伍元壹角叁分
币种	人民币	交易渠道	EBNK
摘要	支付工资	凭证号	15376201040005147
交易时间	2021-02-08 11:15:20	会计日期	20210208
附言			

（印章：中国农业银行股份有限公司 回单专用章）

打印日期：2021-02-08

凭证 5-3-1

山东省社会保险基金专用票据

流水号：10518031310011535188　　　2021年02月13日　　　No.606013411125

缴款人：烟台兴茂机械制造有限公司　　　经济类别：私营

收费项目	起始年月	终止年月	人数	单位缴纳额（元）	个人缴纳额（元）	滞纳金（元）	利息（元）	合计（元）
基本养老保险费	202101	202101	26	14,381.12	7,190.56	0.00	0.00	21,571.68
失业保险费	202101	202101	26	629.17	269.62	0.00	0.00	898.79
基本医疗保险费	202101	202101	26	6,291.74	1,797.64	0.00	0.00	8,089.38
工伤保险费	202101	202101	26	755.01	0.00	0.00	0.00	755.01
生育保险费	202101	202101	26	898.82	0.00	0.00	0.00	898.82

第三联：收据

金额合计（大写）叁万贰仟贰佰壹拾叁元陆角捌分　　　（小写）¥32213.68

收款单位(盖章)：　　　财务复核人：　　　业务复核人：　　　经办人：曲汉波

凭证 5-3-2

 中国农业银行
AGRICULTURAL BANK OF CHINA

网上银行电子回单

电子回单号码：37600569453286863425					
付款方	账 号	15376201040000182	收款方	账 号	15400001012017020
	户 名	烟台兴茂机械制造有限公司		户 名	财税库税款
	开户行	中国农业银行烟台市莱山区支行		开户行	社保
金额（小写）		￥32,213.68	金额（大写）		叁万贰仟贰佰壹拾叁元陆角捌分
币种		人民币	交易渠道		CTMP
摘要		社会保险费	凭证号		15376201040005151
交易时间		2021-02-13 14:25:20	会计日期		20210213
附言		财税库F 社会保险费用			中国农业银行股份有限公司 回单专用章

打印日期：2021-02-13

凭证 5-4-1

山东省行政事业性收费收据

2021年2月13日

No. 20210241

交费单位	烟台兴茂机械制造有限公司	收费许可证号	（鲁）财发202102								
收费项目	收费标准		金 额								
			百	十	万	千	百	十	元	角	分
住房公积金					1	9	4	9	9	2	0
合　计				￥	1	9	4	9	9	2	0

人民币（大写）壹万玖仟肆佰玖拾玖元贰角整

财务专用章　　转账

负责人：　　　　开票人：　　　　　　　　　收费单位（签章）

第二联 发票联

凭证 5-4-2

 中国农业银行 **网上银行电子回单**
AGRICULTURAL BANK OF CHINA

电子回单号码：37600569453286863497					
付款方	账 号	15376201040000182	收款方	账 号	15376210040000730
	户 名	烟台兴茂机械制造有限公司		户 名	财税库税款
	开户行	中国农业银行烟台市莱山区支行		开户行	公积金
金额（小写）		￥19,499.20	金额（大写）		壹万玖仟肆佰玖拾玖元贰角整
币种		人民币	交易渠道		CTMP
摘要		住房公积金	凭证号		15376201040005162
交易时间		2021-02-13 15:24:21	会计日期		20210213
附言		财税库F 住房公积金费用			

打印日期：2021-02-13

凭证 5-5

烟台兴茂机械制造有限公司职工困难补助申请表

2021年2月15日

申请人姓名	罗鑫	所在部门	办公室		职务	无
申请金额	3 000.00		大写金额	叁仟元整		
申请事由	父母病重					
工会小组意见	情况属实，建议补助叁仟元整	厂工会意见	同意工会小组意见	签收（签字）：		

凭证 5-6-1

山东增值税电子普通发票

发票代码：037002101311
发票号码：03313479
开票日期：2021年02月18日
校验码：65463 83939 11156 12742

机器编号：578099811883

购买方	名　称：	烟台兴茂机械制造有限公司	密码区	1<6<6>--58033163523458/373>1 5>4-<+>/0<38+75628-+6++8+502 09>>+-*93+>23-+/26401/3/427 5/320+6+*<2<>45+-0/-*2+88++2
	纳税人识别号：	913706129662088957		
	地址、电话：	烟台市莱山区港城街100号0535-6900119		
	开户行及账号：	中国农业银行烟台市莱山区支行15376201040000182		

货物或应税劳务、服务名称	规格型号	单位	数量	单价	金额	税率	税额
*不动产经营租赁*房租		月	3	3,669.7233333	11009.17	9%	990.83
合计					¥11009.17		¥990.83

价税合计（大写）	⊗壹万贰仟元圆整	（小写）¥12000.00

销货方	名　称：	烟台安居不动产租赁公司	备注	烟台市莱山区庆祥路188号明月小区6号楼2单元1601 91370602MA3U1QHT1F 发票专用章
	纳税人识别号：	91370602MA3U1QHT1F		
	地址、电话：	烟台市芝罘区通世路64号0535-6800999		
	开户行及账号：	中国农业银行烟台市芝罘区支行15376201040000237		

收款人：陈明　　　复核：梁川　　　开票人：许宗年　　　销售方：（章）

凭证 5-6-2

 ## 中国农业银行　　网上银行电子回单
AGRICULTURAL BANK OF CHINA

电子回单号码：37600569453310053157					
付款方	账　号	15376201040000182	收款方	账　号	15376201040000237
	户　名	烟台兴茂机械制造有限公司		户　名	烟台安居不动产租赁公司
	开户行	中国农业银行烟台市莱山区支行		开户行	中国农业银行烟台市芝罘区支行
金额（小写）		¥12,000.00	金额（大写）		壹万贰仟元整
币种		人民币	交易渠道		BTER
摘要		转账付款	凭证号		15376202201834547
交易时间		2021-02-18 15:12:36	会计日期		20210218
附言			房租		中国农业银行股份有限公司 回单专用章

打印日期：2021-02-18

凭证 5-7-1

山东增值税电子普通发票

国家税务总局

发票代码：037002101311
发票号码：52728332
开票日期：2021年02月25日

机器编号：499091009875

校验码：0534166013 92120 34159

购买方	名　　　称：烟台兴茂机械制造有限公司 纳税人识别号：913706129662088957 地　址、电话：烟台市莱山区港城街100号0535-6900119 开户行及账号：中国农业银行烟台市莱山区支行15376201040000182	密码区	1<6<6>**580331/373>63523454 ++8+505>4-<+>/0<38+75628-12 09>>+-*93+>6401/3/4223-+/>0 -*2+88++5/320+6+*<2<>45+-2/

货物或应税劳务、服务名称	规格型号	单位	数量	单价	金额	税率	税额
*饮料*元气森林气泡水		箱	26	61.9469231	1,610.62	13%	209.38
合　计					¥1610.62		¥209.38

价税合计（大写）	⊗壹仟捌佰贰拾元圆整	（小写）¥1820.00

销货方	名　　　称：烟台家家悦超市有限公司 纳税人识别号：913706007544899733 地　址、电话：山东省烟台市芝罘区通世南路18号0535-6900336 开户行及账号：中国农业银行烟台市芝罘区支行15376201040002809	备注	烟台家家悦超市有限公司 913706007544899733 销售票专用章

收款人：左翔　　　复核：逢嵩　　　开票人：高智　　　销售方：（章）

凭证 5-7-2

中国农业银行
转账支票存根
10303726
49133588

附加信息

出票日期 2021年02月25日

收款人： 烟台家家悦超市有限公司

金额： ¥1 820.00

用途： 购买饮料

单位主管 张丽　**会计** 李丰富

凭证 5-7-3

 中国农业银行 **网上银行电子回单**
AGRICULTURAL BANK OF CHINA

电子回单号码：37600569453310053551

付款方	账 号	15376201040000182	收款方	账 号	15376201040002809
	户 名	烟台兴茂机械制造有限公司		户 名	烟台家家悦超市有限公司
	开户行	中国农业银行烟台市莱山区支行		开户行	中国农业银行烟台市芝罘区支行
金额（小写）		¥1,820.00	金额（大写）		壹仟捌佰贰拾元整
币种		人民币	交易渠道		BTER
摘要		转账付款	凭证号		15376202201822158
交易时间		2021-02-25 16:42:11	会计日期		20210225
附言			购买饮料		

中国农业银行股份有限公司
回单专用章

打印日期：2021-02-25

凭证 5-7-4

烟台兴茂机械制造有限公司福利发放表
2021年2月25日

部门		数量（箱）	领取人签字
生产部门	生产人员	12	宋振良
	管理人员	1	王佳成
	合计	13	—
行政部门		11	罗鑫
销售部门		2	王开华
合计		26	—

会计： 李丰富　　复核： 谢鸿妍　　财务主管： 张 丽　　总经理： 孔祥瑞

凭证 5-8-1

烟台兴茂机械制造有限公司工资结算明细表

2021年2月　　　　　　　　　　　　　　　　　　　　　　　单位：元

序号	姓名	部门	基本工资	绩效工资	加班补贴	工龄工资	应付工资	代扣款项 基本养老保险费	失业保险费	基本医疗保险费	住房公积金	合计	个人所得税	实发金额
1	孔祥瑞	办公室	2 300.00	3 950.00	570.00	280.00	7 100.00	276.56	10.37	69.14	568.00	924.07	0.00	6 175.93
2	宋成兑	办公室	2 100.00	2 870.00	230.00	200.00	5 400.00	276.56	10.37	69.14	432.00	788.07	0.00	4 611.93
3	罗鑫	办公室	1 700.00	2 080.00	120.00	120.00	4 020.00	276.56	10.37	69.14	321.60	677.67	0.00	3 342.33
4	张丽	财务部	2 350.00	2 960.00	420.00	240.00	5 970.00	276.56	10.37	69.14	477.60	833.67	0.00	5 136.33
5	王小刚	财务部	1 600.00	2 010.00	210.00	100.00	3 920.00	276.56	10.37	69.14	313.60	669.67	0.00	3 250.33
6	谢鸿妍	财务部	1 750.00	2 380.00	240.00	140.00	4 510.00	276.56	10.37	69.14	360.80	716.87	0.00	3 793.13
7	李丰富	财务部	1 750.00	2 470.00	260.00	120.00	4 600.00	276.56	10.37	69.14	368.00	724.07	0.00	3 875.93
8	刘伟	采购部	2 100.00	2 750.00	170.00	100.00	5 120.00	276.56	10.37	69.14	409.60	765.67	0.00	4 354.33
9	刘星	采购部	1 600.00	2 235.00	190.00	140.00	4 165.00	276.56	10.37	69.14	333.20	689.27	0.00	3 475.73
10	于传强	仓储部	1 800.00	2 310.00	130.00	100.00	4 340.00	276.56	10.37	69.14	347.20	703.27	0.00	3 636.73
11	赵小英	仓储部	1 300.00	2 035.00	160.00	80.00	3 575.00	276.56	10.37	69.14	286.00	642.07	0.00	2 932.93
12	徐瑞诚	销售部	2 000.00	6 410.00	0.00	380.00	8 790.00	276.56	10.37	69.14	703.20	1 059.27		
13	王开华	销售部	1 600.00	5 050.00	0.00	160.00	6 810.00	276.56	10.37	69.14	544.80	900.87		
14	王加成	生产部	2 300.00	2 630.00	310.00	390.00	5 630.00	276.56	10.37	69.14	450.40	806.47	0.00	4 823.53
15	孙思泽	生产部	1 980.00	2 450.00	290.00	220.00	4 940.00	276.56	10.37	69.14	395.20	751.27	0.00	4 188.73
16	贾凯鸿	生产部	1 620.00	1 970.00	180.00	180.00	3 950.00	276.56	10.37	69.14	316.00	672.07	0.00	3 277.93
17	杨文栋	生产部	1 620.00	2 050.00	270.00	120.00	4 060.00	276.56	10.37	69.14	324.80	680.87	0.00	3 379.13
18	王凡思	生产部	1 620.00	2 030.00	410.00	120.00	4 180.00	276.56	10.37	69.14	334.40	690.47	0.00	3 489.53
19	赵静	生产部	1 620.00	1 920.00	90.00	80.00	3 710.00	276.56	10.37	69.14	296.80	652.87	0.00	3 057.13
20	刘思琦	生产部	1 620.00	1 860.00	280.00	140.00	3 900.00	276.56	10.37	69.14	312.00	668.07	0.00	3 231.93
21	杨硕	生产部	1 620.00	2 070.00	460.00	80.00	4 230.00	276.56	10.37	69.14	338.40	694.47	0.00	3 535.53
22	孙铭涵	生产部	1 620.00	2 180.00	190.00	140.00	4 130.00	276.56	10.37	69.14	330.40	686.47	0.00	3 443.53
23	朱艳霞	生产部	1 620.00	2 060.00	350.00	120.00	4 150.00	276.56	10.37	69.14	332.00	688.07	0.00	3 461.93
24	周伟	生产部	1 620.00	1 960.00	290.00	160.00	4 030.00	276.56	10.37	69.14	322.40	678.47	0.00	3 351.53
25	浦佳成	生产部	1 620.00	1 950.00	180.00	260.00	4 010.00	276.56	10.37	69.14	320.80	676.87	0.00	3 333.13
26	刘先锋	生产部	1 620.00	2 100.00	270.00	220.00	4 210.00	276.56	10.37	69.14	336.80	692.87	0.00	3 517.13
合计	—	—	46 050.00	66 740.00	6 270.00	4 390.00	123 450.00	7 190.56	269.62	1 797.64	9 876.00	19 133.82		

会计：李丰富　　　　复核：谢鸿妍　　　　财务主管：张丽　　　　总经理：孔祥瑞

凭证 5-8-2

烟台兴茂机械制造有限公司工资结算汇总表

2021年2月　　　　　　　　　　　人数：26人　　　　　　　　单位：元

部门		基本工资	岗位工资	加班补贴	工龄工资	应付工资	代扣款项 基本养老保险费（8%）	失业保险费（0.3%）	基本医疗保险费（2%）	住房公积金（8%）	合计	个人所得税	实发金额
生产部门	生产人员	19 800.00	24 600.00	3 260.00	1 840.00	49 500.00							
	管理人员	2 300.00	2 630.00	120.00	390.00	5 440.00							
	合计	22 100.00	27 230.00	3 380.00	2 230.00	54 940.00							
行政部门		20 350.00	28 050.00	2 890.00	1 620.00	52 910.00							
销售部门		3 600.00	11 460.00	0.00	540.00	15 600.00							
合计		46 050.00	66 740.00	6 270.00	4 390.00	123 450.00							

会计：李丰富　　　　复核：谢鸿妍　　　　财务主管：张丽　　　　总经理：孔祥瑞

凭证 5-8-3

产品生产工时

单位：烟台兴茂机械制造有限公司　　　　　　　所属期间：2021年2月

产品名称	生产工时（小时）
抗性消音器	1058
铝合金消音器	894
合计	1952

生产车间主管：　王佳成　　　　　　　　会计：　李丰富

凭证 5-8-4

生产人员工资费用分配表

单位：烟台兴茂机械制造有限公司　　　　　　　所属期间：2021年2月

产品名称	生产工时（小时）	分配费用
抗性消音器		
铝合金油箱		
合计		

会计：　李丰富　　　　　　　　财务主管：　张　丽

凭证 5-9-1

烟台兴茂机械制造有限公司"五险一金"计算表

2021年2月

部门		基本养老保险费 (16%)	失业保险费 (0.7%)	基本医疗保险费 (7%)	工伤保险 (0.84%)	生育保险 (1%)	住房公积金 (8%)	合计
生产部门	生产人员							
	管理人员							
	合计							
行政部门								
销售部门								
合计								

会计： 李丰富　　复核： 谢鸿妍　　财务主管： 张 丽　　总经理： 孔祥瑞

凭证 5-9-2

生产人员"五险一金"费用分配表

单位：烟台兴茂机械制造有限公司　　所属期间：2021年2月

产品名称	生产工时(小时)	分配费用
抗性消音器		
铝合金油箱		
合计		

会计： 李丰富　　财务主管： 张 丽

凭证 5-10-1

烟台兴茂机械制造有限公司工会和职工教育经费计算表

2021年2月   人数：26人   单位：元

部门		工会经费 （2%）	职工教育经费 （5%）	合计
生产 部门	生产人员			
	管理人员			
	合计			
行政部门				
销售部门				
合计				

会计： 李丰富   复核： 谢鸿妍   财务主管： 张 丽   总经理： 孔祥瑞

凭证 5-10-2

生产人员工会和职工教育经费分配表

单位：烟台兴茂机械制造有限公司   所属期间：2021年2月

产品名称	生产工时（小时）	分配费用
抗性消音器		
铝合金油箱		
合计		

会计： 李丰富   财务主管： 张 丽

凭证 5-11

烟台兴茂机械制造有限公司公寓租赁费分配表
所属期间：2021年02月

项目	使用人	对方科目	摊销日期	摊销总额	摊销期限	本期摊销额	累计摊销期数	累计摊销公寓租赁费额
公寓租赁费	孔祥瑞	预付账款	2021/2/28	¥12,000.00	3个月	¥4,000.00	3	¥12,000.00

审核： 张丽　　　　制单： 李丰富

凭证 5-12-1

烟台兴茂机械制造有限公司福利费分配表
2021年2月28日

部门		数量（箱）	单价（元/箱）	金额（元）
生产部门	生产人员	12		840.00
	管理人员	1		70.00
	合计	13	70	910.00
行政部门		11		770.00
销售部门		2		140.00
合计		26	－	1,820.00

会计： 李丰富　　　　财务主管： 张丽

凭证 5-12-2

生产人员福利费分配表
单位：烟台兴茂机械制造有限公司　　　　所属期间：2021年2月

产品名称	生产工时（小时）	分配费用
抗性消音器	1058	455.29
铝合金油箱	894	384.71
合计	1952	840.00

会计： 李丰富　　　　财务主管： 张丽

凭证 5-13-1

烟台兴茂机械制造有限公司伙食补贴发放明细表

2021年2月 　　　　　　　单位：元

部门		部门人数	充值金额
生产部门	生产人员	12	2400
	管理人员	1	200
	合计	13	2600
行政部门		11	2200
销售部门		2	400
合计		26	5200

会计： 李丰富 　　复核： 谢鸿妍 　　财务主管： 张　丽 　　总经理： 孔祥瑞

凭证 5-13-2

生产人员福利费分配表

单位：烟台兴茂机械制造有限公司 　　　　　所属期间：2021年2月

产品名称	生产工时（小时）	分配费用
抗性消音器	1058	1,300.82
铝合金油箱	894	1,099.18
合计	1952	2,400.00

会计： 李丰富 　　　　　财务主管： 张　丽

实训六　税务会计岗

一、税务会计岗位职责

税务会计的具体岗位职责如下：

（1）遵守税务机关对企业发票使用的具体规定,结合本公司业务发展的实际情况制定发票管理制度。

（2）负责发票的领购、保管,按规定及时登记发票领购簿。

（3）严格对各种发票特别是增值税专用发票进行审核,及时进行发票认证。规范本地、异地各项涉税事项的核算、管理流程,对发现的问题及时上报。

（4）办理公司税款的计算、申报、交纳和核查等工作,及时向税务局报送相关资料,避免企业涉税风险。

（5）研究税收政策,充分利用税收优惠,合理进行税务筹划,减轻企业税负。

（6）负责税务相关资料的装订和存档。

（7）完成领导交办的其他工作。

二、实训目的

（1）了解房产税、城镇土地使用税的计算及账务处理。

（2）熟悉城市维护建设税、教育费附加的计算及账务处理。

（3）掌握增值税应纳税额的计算及账务处理方法。

（4）掌握当期所得税和递延所得税的计算及账务处理方法。

（5）掌握应交税费总分类账簿和明细分类账簿的登记方法。

三、实训资料

2021 年 12 月 1 日,烟台兴茂机械制造有限公司应交税费账户余额如表 6-1 所示。

表 6-1　应交税费账户余额

总账科目	明细科目	借贷方向	期初余额	账户类型
应交税费	应交增值税	平	0.00	借贷多栏式
	未交增值税	贷	59 487.00	三栏式
	应交城市维护建设税	贷	4 164.09	三栏式
	应交教育费附加	贷	1 784.61	三栏式
	应交企业所得税	贷	10 218.12	三栏式

(续表)

总账科目	明细科目	借贷方向	期初余额	账户类型
	应交印花税	贷	676.48	三栏式
	应交房产税	平	0.00	三栏式
应交税费	应交城镇土地使用税	平	0.00	三栏式
	转让金融商品应交增值税	平	0.00	三栏式
合计		贷	76 330.30	—

2021 年 12 月,烟台兴茂机械制造有限公司发生的与税务会计岗相关的经济业务如下:

【1】 4 日,用银行存款支付 11 月份各项税费 75 653.82 元。其中,未交增值税 59 487 元,应交城市维护建设税 4 164.09 元,应交教育费附加 1 784.61 元,应交企业所得税 10 218.12 元。

提示:凭证编号为记 011。

【2】 31 日,计算并结转本月应交未交增值税。本月"应交税费——应交增值税(销项税额)"贷方发生额为 135 924.31 元,"应交税费——应交增值税(进项税额)"借方发生额为 88 914.27 元,"应交税费——应交增值税(进项税额转出)"贷方发生额为 453.05 元,"应交税费——应交增值税(减免税额)"借方发生额为 260 元。

提示:凭证编号为记 065。

$$\text{应交增值税} = \text{销项税额} - \left(\text{进项税额} - \text{进项税额转出} - \text{出口退税}\right) - \text{减免税款} - \text{出口抵减内销产品应纳税额}$$

【3】 31 日,本月转让交易性金融资产,实际收到 372 226 元。出售日,本批股票的账面价值为 348 000 元,其中成本为 200 000 元,公允价值变动为 148 000 元。计提本月转让金融商品应交增值税。

提示:凭证编号为记 066。

转让金融商品应交增值税=(转让价-买入价)÷(1+6%)×6%

【4】 31 日,计提本月城市维护建设税和教育费附加。

提示:凭证编号为记 067。烟台兴茂机械制造有限公司位于市区,城市维护建设税税率为 7%,教育费附加税率为 3%。本月没有发生固定资产和无形资产处置业务。

【5】 31 日,本月购销合同所列的金额为 1 408 139.08 元,计提本月印花税。

提示:凭证编号为记 068。购销合同印花税税率为 0.3‰。

【6】 31 日,计提本季度土地使用税、房产税。房产原值为 3 130 000 元,其中出租房产原值为 159 600,出租房产第四季度收入为 9 633.03 元。土地总面积 2 750 平方米。

提示:凭证编号为记069。自用房产税计税比例为70%,税率为1.2%;出租房产税税率为12%。土地等级为城市二级土地,城镇土地使用税税额标准为8元/平方米。

【7】 31日,计提本月所得税。对利润总额进行调整,计算应纳税所得额,确认本月应交所得税。公司2021年度税前会计利润为2 084 968.79元,预缴所得税额为143 872.19元,减免所得税额为413 298.81元。除本部分经济业务【3】以外,计算应纳税所得额涉及的其他调整事项包括:①公司全年业务招待费91 460元,全年销售收入17 864 339.52元。②发生非公益性捐赠10 000元。③计提坏账准备872.58元。④确认交易性金融资产公允价值变动收益9 800元。⑤采用权益法核算的长期股权投资,根据被投资单位税后利润确定投资收益15 300元。

提示:凭证编号为记070。业务招待费在企业所得税税前的列支标准是:按发生额的60%与收入的5‰相比较,取最小值在企业所得税税前列支。企业发生的非公益性捐赠不允许在企业所得税税前列支。企业计提的坏账准备不允许在企业所得税税前列支。企业以公允价值计量的金融资产,持有期间公允价值的变动不计入应纳税所得额。采用权益法核算的长期股权投资确认的投资收益属于不征税收入。

【8】 31日,确认递延所得税费用。2021年1月1日,公司递延所得税负债期初余额为7 300元,递延所得税资产期初余额为2 280元。2021年12月31日,公司资产、负债的账面价值与其计税基础存在差异的项目如表6-2所示,其中,其他权益工具投资为2021年12月新购入的股权投资。

表6-2 资产、负债的账面价值与计税基础比较表

项目	账面价值	计税基础
交易性金融资产	183 800.00	100 000.00
其他权益工具投资	63 240.00	49 050.00
应收账款	825 827.57	874 313.07
长期股权投资	612 000.00	600 000.00

提示:凭证编号为记071。

$$递延所得税费用 = \left(\begin{matrix}期末递延\\所得税负债\end{matrix} - \begin{matrix}期初递延\\所得税负债\end{matrix}\right) + \left(\begin{matrix}期初递延\\所得税资产\end{matrix} - \begin{matrix}期末递延\\所得税资产\end{matrix}\right)$$

四、实训要求

(1)填制并审核经济业务【1】至【8】的原始凭证,对有问题的原始凭证提出解决方案后,编制记账凭证。

(2)根据经济业务【1】至【8】的记账凭证和原始凭证,登记应交税费明细分类账和总分

类账。

(3) 月末结账。

五、思政课堂

海尔集团：整合全球资源　助力疫情防控

突发的新冠肺炎疫情,牵动着全国人民的心。作为全球领先的美好生活解决方案服务商,海尔集团第一时间组织物资捐赠,驰援抗疫行动。2020年1月18日,海尔生物医疗为武汉金银潭医院送去了生物安全柜等防护保障设备,海尔也成为驰援武汉最早的企业之一。

从1月24日开始,海尔依托其全球化布局,在资金、医疗设备等方面,连续实施了四轮捐助。截至2月下旬,海尔共计捐赠超过2 596万元的现金及物资,其中包含1 300万元资金、250多万元的物联网家电、价值超过700万元的医疗和生活防护用品,以及各国分公司紧急筹措的50万美元的防疫物资。

身处疫情最严重的武汉地区,海尔武汉分公司紧急成立"抗疫突击队",为"火神山医院"和"雷神山医院"提供配套电器。由于医院正在施工,周边2 000多米均处于封路状态,海尔服务兵通过人力背抬的方式将冰箱运送至火神山医院内,并连夜安装到位。

在疫情恶劣的环境中,物流的畅通就意味着对生命的救助。海尔旗下的日日顺物流开通了24小时热线电话,全力调配运力资源,免费为疫区开通救援物资运输通道和物流服务。

"此次抗疫行动中,我感动于每一位参加抗疫的海尔人。他们都是英雄!"周云杰对《英才》记者激动地表示,这种奉献精神正是海尔企业价值观的体现。

资料来源:丁景芝,周云杰.海尔整合全球资源[J].英才,2020,(Z1):45.

请思考:

1. 海尔集团在疫情防控中捐赠的现金及物资是否可以享受企业所得税有关捐赠支出的优惠政策?

2. 在全国的抗疫狙击战中,在校大学生应该怎么做?

六、实训原始凭证

凭证 6-1-1

- ✄

中 华 人 民 共 和 国
税 收 完 税 证 明

(161) 鲁国证 04371037

填发日期：2021年 12月 04 日　　　　税务机关：烟台莱山区国家税务局纳税服务科

纳税人识别号	913706129662088957		纳税人名称	烟台兴茂机械制造有限公司		
原凭证号	税　种	品目名称	税款所属时期	入（退）库日期	实缴（退）金额	
337063211200033859	增值税	其他制造业（13%）	2021-11-01至2021-11-30	2021-12-04	59,487.00	

金额合计（大写）人民币伍万玖仟肆佰捌拾柒元整			￥59,487.00
税务机关 税收专用章 （盖章）	填票人 张一静	备注 （161）鲁国证 04371037 主管税务所（科、分局）：烟台莱山区国家税务局税源管理一科 电子税票号码：337063211200015247	

妥善保管、手写无效

第一联（收据）交纳税人作完税证明

- ✄

凭证 6-1-2

- ✄

 中国农业银行　　　　网上银行电子回单
AGRICULTURAL BANK OF CHINA

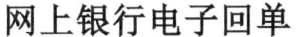

电子回单号码：37600569453310059642					
付款方	账　号	15376201040000182	收款方	账　号	2560
	户　名	烟台兴茂机械制造有限公司		户　名	国家金库烟台市莱山区支库
	开户行	中国农业银行烟台市莱山区支行		开户行	1513100000
金额（小写）	￥59,487.00		金额（大写）	伍万玖仟肆佰捌拾柒元整	
币种	人民币		交易渠道	TIPS	
摘要	公共缴费		凭证号	15376202201823718	
交易时间	2021-12-04 08:13:14		会计日期	20211204	
附言	增值税实时扣税请求（3001）				

打印日期：2021-12-04

凭证 6-1-3

中华人民共和国
税收完税证明

(161) 鲁国证 04371038

填发日期：2021年 12月 04 日 　　　税务机关：烟台莱山区国家税务局纳税服务科

纳税人识别号	913706129662088957		纳税人名称	烟台兴茂机械制造有限公司		
原凭证号	税　种	品目名称	税款所属时期	入（退）库日期	实缴（退）金额	
337063211200033859	城市维护建设税	市区	2021-11-01至2021-11-30	2021-12-04	4,164.09	
337063211200033859	教育费附加	增值税教育费附加	2021-11-01至2021-11-30	2021-12-04	1,784.61	

金额合计	（大写）人民币伍仟玖佰肆拾捌元柒角整		￥5,948.70

税务机关 （盖章）	填票人 张元	备注 (161) 鲁国证 04371038 主管税务所（科、分局）：烟台莱山区国家税务局税源管理一科 电子税票号码：337063211200015306

第一联（收据）交纳税人作完税证明

妥善保管、手写无效

凭证 6-1-4

 中国农业银行　　　　网上银行电子回单
AGRICULTURAL BANK OF CHINA

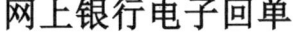

电子回单号码：37600569453310059557					
付款方	账　号	15376201040000182	收款方	账　号	2560
	户　名	烟台兴茂机械制造有限公司		户　名	国家金库烟台市莱山区支库
	开户行	中国农业银行烟台市莱山区支行		开户行	1513100000
金额（小写）	￥5,948.70		金额（大写）	伍仟玖佰肆拾捌元柒角整	
币种	人民币		交易渠道	TIPS	
摘要	公共缴费		凭证号	15376202201823818	
交易时间	2021-12-04 11:13:20		会计日期	20211204	
附言		城市维护建设税、教育费附加实时扣税请求（3001）			

打印日期：2021-12-04

凭证 6-1-5

中华人民共和国
税收完税证明

(161) 鲁国证 04371039

填发日期：2021年 12月 04 日　　　　　税务机关：烟台莱山区国家税务局纳税服务科

纳税人识别号	913706129662088957			纳税人名称	烟台兴茂机械制造有限公司		
原凭证号	税　种	品目名称		税款所属时期	入（退）库日期	实缴（退）金额	
337063211200033859	企业所得税			2021-11-01至2021-11-30	2021-12-04	10,218.12	
金额合计	（大写）人民币壹万零贰佰壹拾捌元壹角贰分					￥10,218.12	
税务机关（盖章）		填票人　　　张元		备注　　（161）鲁国证 04371039　　主管税务所（科、分局）：烟台莱山区国家税务局税源管理一科　　电子税票号码：337063211200015441			

第一联（收据）交纳税人作完税证明

妥 善 保 管、手 写 无 效

凭证 6-1-6

 中国农业银行　　　　**网上银行电子回单**
AGRICULTURAL BANK OF CHINA

电子回单号码：37600569453310061029					
付款方	账　号	15376201040000182	收款方	账　号	2560
	户　名	烟台兴茂机械制造有限公司		户　名	国家金库烟台市莱山区支库
	开户行	中国农业银行烟台市莱山区支行		开户行	1513100000
金额（小写）		￥10,218.12	金额（大写）		壹万零贰佰壹拾捌元壹角贰分
币种		人民币	交易渠道		TIPS
摘要		公共缴费	凭证号		15376202201824017
交易时间		2021-12-04　11:14:36	会计日期		20211204
附言		企业所得税实时扣税请求（3001）			

打印日期：2021-12-04

凭证 6-2

应交增值税计算表

单位：烟台兴茂机械制造有限公司　　　　　　　　　　所属期：2021年12月

销项税额(元)	进项税额(元)	进项税额转出(元)	减免额(元)	应交增值税(元)

会计： 李丰富　　　　　　　　　　　　　财务主管： 张 丽

凭证 6-3

转让金融商品应交增值税计算表

单位： 烟台兴茂机械制造有限公司　　　　　　　　　　所属期：2021 年 12 月

处置项目	卖出价（元）	买入价（元）	转让收益/损失（元）	本期转让金融资产总收益/损失（元）	增值税税率	转让金融商品应交增值税（元）

会计： 李丰富　　　　　　　　　　　　　财务主管： 张 丽

凭证 6-4-1

城市维护建设税计算表

单位：烟台兴茂机械制造有限公司　　　　　　　　　　所属期：2021年12月

应交增值税(元)	本月应交城市维护建设税总额		报废固定资产、无形资产已计提城建税(元)	月底计提城市维护建设税(元)
	税率	金额(元)		

会计： 李丰富　　　　　　　　　　　　　财务主管： 张 丽

凭证 6-4-2

✁- ✁

教育费附加计算表

单位：烟台兴茂机械制造有限公司　　　　　　　　　　所属期：2021年12月

应交增值税(元)	本月应交教育费附加总额		处置固定资产、无形资产已计教育费附加(元)	月底计提教育费附加(元)
	税率	金额(元)		

　　　　会计： 李丰富 　　　　　　　　　　　　財务主管： 张 丽

✁- ✁

凭证 6-5

✁- ✁

印花税计算表

单位：烟台兴茂机械制造有限公司　　　　　　　　　　所属期：2021年12月

营业收入(元)	当地核定征收比例	印花税税率	应交印花税(元)
	50%		

　　　　会计： 李丰富 　　　　　　　　　　　　財务主管： 张 丽

✁- ✁

凭证 6-6-1

✁- ✁

土地使用税计算表

单位：烟台兴茂机械制造有限公司　　　　　　　　　　所属期：2021年12月

项目	土地总面积（平方米）	土地等级	核定税额标准（元/平方米）	年应交土地使用税(元)	本季度交土地使用税(元)
土地使用税					

　　　　会计： 李丰富 　　　　　　　　　　　　財务主管： 张 丽

✁- ✁

凭证 6-6-2

房产税计算表

单位：烟台兴茂机械制造有限公司　　　　　　　　　　　　所属期：2021年12月

项目	原值	第四季度租金收入（元）	计税比例	税率	第四季度交房产税(元)
建筑物自用部分		－			
建筑物出租部分				－	
合计				－	－

会计：　李丰富　　　　　　　　　　　　　财务主管：　张　丽

凭证 6-7

当期所得税费用计算表

单位：烟台兴茂机械制造有限公司　　　　　　　　时间：2021年12月31日

序　号	项目	金额(元)
1	**全年税前会计利润**	
2	**加：纳税调整增加额**	
3	其中：非公益性捐赠	
4	业务招待费	
5	交易性金融资产处置结转投资收益	
7	坏账准备	
8	**减：纳税调整减少额**	
9	其中：公允价值变动损益	
10	根据被投资单位税后利润确定的投资收益	
11	**应纳税所得额**	
12	适用税率	
13	**应交所得税税额**	
14	减：预缴所得税税额	
15	减免所得税额	
16	**本期应补（退）的所得税税额**	

会计：　李丰富　　　　　　　　　　　　　财务主管：　张　丽

凭证 6-8

递延所得税计算表

单位：烟台兴茂机械制造有限公司　　　　　　　　　　时间：2021年12月21日

调整事项	应纳暂时性差异(元)	可抵扣暂时性差异(元)	递延所得税资产(元)	递延所得税负债(元)
交易性金融资产				
其他权益工具投资				
应收账款				
长期股权投资				
本期末暂时性差异合计			—	—
本期末递延所得税资产（负债）	—	—		
本期初递延所得税资产（负债）	—	—		
本期应确认的递延所得税资产（负债）	—	—		
其他综合收益				
递延所得税费用	—	—		

会计： 李丰富　　　　　　　　　　　　财务主管： 张 丽

　　说明：根据《企业会计准则》规定,资产负债表日,对于递延所得税资产和递延所得税负债,应当根据税法规定,按照预期收回该资产或清偿该负债期间的适用税率计量。若适用税率发生变化,应对已确认的递延所得税资产和递延所得税负债进行重新计量。预计该公司未来期间会持续盈利,并且未来期间会继续享受小型微利企业的所得税优惠政策。在此,确认递延所得税资产以及递延所得税负债时,不考虑年应纳税所得额分段优惠的不同,全部按所得减按 50%,税率为 20% 计算递延所得税资产和负债。以后若政策出现变动,再进行调整。

实训七 收入与费用会计岗

一、收入与费用会计岗位职责

收入与费用会计的具体岗位职责如下：

(1) 参与公司费用计划和内部控制制度的制定，并监督执行。

(2) 负责销售合同审核及发票开具，及时跟进销售合同进度，编制项目执行情况表。

(3) 根据《企业会计准则》相关规定，对公司的收入费用进行核算管理，并及时提供收入费用数据，对收入费用核算资料的真实性、完整性、准确性和保密性负责。

(4) 及时对收入费用情况进行分析，为管理层提供决策有用的信息和建议。

(5) 设置收入、费用类账簿，负责账簿的登记工作。

(6) 完成领导交办的其他工作。

二、实训目的

(1) 了解收入的确认条件。

(2) 熟悉销售费用、管理费用和财务费用的核算方法。

(3) 掌握日常销售业务和特殊销售业务收入确认的账务处理方法。

(4) 掌握成本与费用相关总分类账簿和明细分类账簿的登记方法。

三、实训资料

2021 年 8 月 1 日，烟台兴茂机械制造有限公司主营业务收入、销售费用、管理费用和财务费用明细分类账如表 7-1 所示。

表 7-1 主营业务收入、销售费用、管理费用和财务费用明细分类账

总账科目	明细科目	借贷方向	余额	账户类型
主营业务收入	抗性消音器	平	0.00	三栏式
	铝合金油箱	平	0.00	三栏式
销售费用	广告费	平	0.00	多栏式
	差旅费	平	0.00	多栏式
	办公费	平	0.00	多栏式
	业务招待费	平	0.00	多栏式
	职工薪酬	平	0.00	多栏式
	水电费	平	0.00	多栏式

(续表)

总账科目	明细科目	借贷方向	余额	账户类型
销售费用	折旧费	平	0.00	多栏式
	运输费	平	0.00	多栏式
	其他	平	0.00	多栏式
管理费用	差旅费	平	0.00	多栏式
	办公费	平	0.00	多栏式
	业务招待费	平	0.00	多栏式
	职工薪酬	平	0.00	多栏式
	水电费	平	0.00	多栏式
	折旧费	平	0.00	多栏式
	摊销费	平	0.00	多栏式
	其他	平	0.00	多栏式
财务费用	利息支出	平	0.00	多栏式
	利息收入	平	0.00	多栏式
	现金折扣	平	0.00	多栏式
	其他	平	0.00	多栏式

2021年8月,烟台兴茂机械制造有限公司发生的与收入费用会计岗相关的经济业务如下:

【1】 3日,销售给泰安嘉华汽车配件有限公司抗性消音器,开出增值税电子专用发票,列明价款170 265.49元,增值税额22 134.51元。货已发出,货款尚未收到,销售合同约定的信用条件为"2/15,n/30"。

提示:成本结转月末一次进行。

【2】 5日,泰安嘉华汽车配件有限公司发来函电,其购买的部分抗性消音器出现产品质量与合同要求质量不符的情况,提出给予1%的折让,公司同意给予折让并开出红字增值税专用发票。

【3】 8日,公司线下零售3件抗性消音器,开出增值税电子普通发票,列明价款1 019.47元,增值税额132.53元,买家通过支付宝二维码完成支付。

【4】 9日,摊销本月从上海东方汽车杂志社订阅的报刊费为642.20元。

【5】 13日,收到烟台海源广告有限公司开来的增值税专用发票,列明价款4 245.28元,增值税额254.72元。公司开出转账支票支付广告费。

【6】 15日,销售给济南信达汽车配件有限公司铝合金油箱,开出增值税电子专用发票,列示设备价款58 407.08元,增值税额7 592.92元。货已发出,收到济南信达汽车配件有限公司交来的金额为66 000元的转账支票。

提示：成本结转月末一次进行。

【7】　18 日，开出转账支票直接向烟台市儿童福利院捐赠 10 000 元。

【8】　20 日，公司决定将铝合金油箱在微信商城实行"满 1 000 减 100"的促销活动，某顾客购买 3 件铝合金油箱，公司开出增值税电子普通发票，列明价款 1 371.68 元，增值税额 178.32 元，顺丰包邮，买家通过微信完成支付。收到烟台顺丰速运有限公司开来的增值税电子普通发票，列明价款 37.74 元，增值税额 2.26 元，公司通过网上银行完成运费支付。

提示：①微信商城的微信收款手续费为 0.6%，该手续费记入"财务费用——其他"账户。②考虑到顺丰运费金额微小，我公司通过微信申请开具了增值税电子普通发票。如果金额较大，或者数量较多，可申请开具增值税专用发票，用以抵扣销项税额。

【9】　22 日，出售抗性消音器给烟台三立有限公司，并开出增值税专用发票，列明价款 278 318.58 元，增值税额 36 181.42 元，货已发出，运费由销售方承担，销售合同约定的信用条件为"2/10，$n/30$"。收到金额为 308 210 元的银行承兑汇票。收到烟台顺丰速运有限公司开具的增值税专用发票，列明价款 477.06 元，增值税额 42.94 元，公司通过网上银行完成运费支付。

提示：①企业在销售商品时给予客户的现金折扣，按照《企业会计准则第 14 号——收入》（财会〔2017〕22 号）中关于可变对价的相关规定进行会计处理，调整收入。②成本结转月末一次进行。

【10】　25 日，以现金付讫增值税税控系统技术维护费 260 元，收到增值税电子普通发票一张。

提示：增值税税控系统技术维护费可在增值税应纳税额中全额减免，记入"应交税费——应交增值税（减免税额）"。

【11】　29 日，采用分期收款方式出售铝合金油箱给烟台益德商贸有限公司，列明价款为 1 080 000 元，增值税额为 140 400 元，该批商品的现销价格为 876 106 元，合同约定分三年收款，收款日期为 2022 年 8 月 29 日、2023 年 8 月 29 日和 2024 年 8 月 29 日。公司在各收款日收取货款 406 800 元，并开具增值税专用发票。

提示：合同中存在重大融资成分的分期收款销售，企业应在满足收入确认条件时，按假定客户在取得商品控制权时即以现金支付的应付金额确认销售收入。

【12】　31 日，采用支票结算方式销售抗性消音器给威海东恒公司，并开出增值税专用发票，列明价款为 65 486.73 元，增值税额 8 513.27 元，货已发出，收到威海东恒公司开出的转账支票。销售合同规定，公司需要在 2021 年 11 月 30 日将该批产品回购，回购价格为 70 796.46 元，增值税额 9 203.54 元。

提示：售后回购价格高于原售价的，应视为融资交易，在收到客户款项时确认为"其他应付款"，并将售价与回购价的差额在回购期间内确认为利息费用。

四、实训要求

（1）设置成本与费用总分类账和明细分类账，包括"主营业务收入""销售费用""管理费用""财务费用"，登记期初余额。

（2）填制和审核经济业务【1】至【12】的原始凭证，对有问题的原始凭证提出解决方案后，编制相关记账凭证。

（3）根据经济业务【1】至【12】的记账凭证和原始凭证，登记"主营业务收入""销售费用""管理费用""财务费用"明细分类账和总分类账。

（3）根据经济业务【12】编制2021年9月30日确认售后回购利息的记账凭证，假设记账凭证编号为记063。

五、思政课堂

瑞幸虚增收入，被证监会处罚

2020年7月31日傍晚，财政部首先发布消息称，财政部已完成自5月6日起对瑞幸咖啡公司境内运营主体会计信息质量检查。检查发现，自2019年4月起至2019年年末，瑞幸咖啡公司通过虚构商品券业务增加交易额22.46亿元（人民币，下同），虚增收入21.19亿元（占对外披露收入51.5亿元的41.16%），虚增成本费用12.11亿元，虚增利润9.08亿元。财政部表示，下一步将依法对瑞幸咖啡公司境内主要运营主体财务造假问题给予行政处罚，及时向社会公开处理处罚结果。9月22日，国家市场监督管理总局因涉嫌虚假交易等不正当竞争行为对瑞幸中国等45家涉案公司作出行政处罚决定，处罚金额共计6100万元。

资料来源：

（1）中华人民共和国财政部，2020-7-31，《财政部完成对瑞幸咖啡公司境内运营主体会计信息质量检查》，http://jdjc. mof. gov. cn/gongzuodongtai/202007/t20200731_3560072.htm

（2）国家市场监督管理总局，2020-9-22，《市场监管总局对瑞幸咖啡（中国）有限公司、瑞幸咖啡（北京）有限公司等公司不正当竞争行为作出行政处罚》，https://www. samr. gov.cn/xw/zj/202009/t20200922_321864.html。

请思考：

1. 瑞幸为什么要进行财务造假？

2. 从瑞幸涉嫌虚假交易等不正当竞争行为中我们可以得到哪些启示？

六、实训原始凭证

凭证 7-1-1

山东增值税电子专用发票

发票代码：037002111213
发票号码：00199064
开票日期：2021年08月03日
校验码：58863 83939 22408 10758

机器编号：667104791233

购买方	名　　称：泰安嘉华汽车配件有限公司 纳税人识别号：91370902MA3CB0UN40 地址、电话：泰安市龙泽区御碑楼路74号141号0538-8223112 开户行及账号：农行泰安市分行龙泽支行15375568900002364	密码区	1<6<6>**5803312578<>*9974>< ++53>15>4-<+>/0<38+70/420/> 09>>+-*93+>6401/3/454115/+- -*2+88++5/320+6+*<2<>0--+15

项目名称	规格型号	单位	数量	单价	金额	税率	税额
*工业车辆配套件*抗性消音器		件	520	327.4336346	170265.49	13%	22134.51
合　　计					￥170,265.49		￥22,134.51

价税合计（大写）	⊗壹拾玖万贰仟肆佰圆整	（小写）￥192400.00

销货方	名　　称：烟台兴茂机械制造有限公司 纳税人识别号：913706129662088957 地址、电话：烟台市莱山区港城街100号0535-6900119 开户行及账号：中国农业银行烟台市莱山区支行15376201040000182	备注	

收款人：王小刚　　　　复核：谢鸿妍　　　　开票人：李丰富

凭证 7-2-1

开具红字增值税专用发票信息表

填开日期：　2021　年　08　月　05　日

销售方	名　称	烟台兴茂机械制造有限公司	购买方	名　称	泰安嘉华汽车配件有限公司		
	纳税人识别号	913706129662088957		纳税人识别号	91370902MA3CB0UN40		
开具红字专用发票内容	货物（劳务服务）名称	数量	单价	金额	税率	税额	
	抗性消音器	−520	3.2743269	−1702.65	13%	−221.35	
	合计	————	————	−1702.65	———	−221.35	

说明	一、购买方□ 对应蓝字专用发票抵扣增值税销项税额情况： 1.已抵扣□ 2.未抵扣□ 对应蓝字专用发票的代码：＿＿＿＿＿＿＿＿　号码：＿＿＿＿＿＿＿＿ 二、销售方√ 对应蓝字专用发票的代码：＿＿037002111213＿＿　号码：＿＿00199064
红字专用发票信息表编号	红字发票的代码：3700212130　号码：03349182

凭证 7-2-2

 3700212130

山东增值税专用发票

山东

此联不作报销、扣税凭证使用

No 03349182　3700212130
03349182

开票日期：2021年08月05日

购买方	名　　称：泰安嘉华汽车配件有限公司 纳税人识别号：91370902MA3CB0UN40 地　址、电话：泰安市龙泽区御碑楼路74号141号0538-8223112 开户行及账号：农行泰安市分行龙泽支行15375568900002364	密码区	3<9<6>**5803312578<>*9974< ++53>15>4-<+>/0<38+54/420/> 09>>+-*93+>6401/3/454115/+- -*2+88++5/320+6+*<2<>033+72

货物或应税劳务、服务名称	规格型号	单位	数量	单价	金　额	税率	税　额
*工业车辆配套件*抗性消音器		件	-520	3.2743269	-1,702.65	13%	-221.35
合　　计					¥-1702.65		¥-221.35

价税合计（大写）	（负数）⊗壹仟玖佰贰拾肆圆整		（小写）¥ 1924.00

销货方	名　　称：烟台兴茂机械制造有限公司 纳税人识别号：913706129662088957 地　址、电话：烟台市莱山区港城街100号0535-6900119 开户行及账号：中国农业银行烟台市莱山区支行15376201040000182	备注	烟台兴茂机械制造有限公司 913706129662088957 发票专用章

收款人：王小刚　　　复核：谢鸿妍　　　开票人：李丰富　　　销售方：（章）

第一联：记账联　销售方记账凭证

凭证 7-3-1

山东增值税电子普通发票

统一发票监制
国家税务总局

发票代码：037002101311
发票号码：52728341
开票日期：2021年08月08日
校验码：06541 66013 81121 52733

机器编号：499121094557

购买方	名　　称：周彤 纳税人识别号：370613199504163119 地　址、电话： 开户行及账号：	密码区	3<8<6>**580331/373>67123++9 ++8+505>4-<+>/0<3805>5-+/77 09>>+-*93+>6401/3/4541*2*31 -*2+88++5/320+6+*<2<>0+-320

货物或应税劳务、服务名称	规格型号	单位	数量	单价	金　额	税率	税　额
*工业车辆配套件*抗性消音器		件	3	339.8233333	1019.47	13%	132.53
合　　计					¥1019.47		¥132.53

价税合计（大写）	⊗壹仟壹佰伍拾贰元整		（小写）¥1152.00

销货方	名　　称：烟台兴茂机械制造有限公司 纳税人识别号：913706129662088957 地　址、电话：烟台市莱山区港城街100号0535-6900119 开户行及账号：中国农业银行烟台市莱山区支行15376201040000182	备注	烟台兴茂机械制造有限公司 913706129662088957 发票专用章

收款人：王小刚　　　复核：谢鸿妍　　　开票人：李丰富　　　销售方：（章）

凭证 7-3-2

支付宝账务明细

商户名称：烟台兴茂机械制造有限公司
账号：[20880023573298010156]
起始日期：[2021年08月08日 00:00:00]　终止日期：[2021年08月09日 00:00:00]

——————————————————————————————账务明细列表————————————————————————————

商户订单号	商品名称	发生时间	对方账号	订单金额(元)	服务费(元)	入账金额(元)	交易渠道	业务类型
16447521767502187238926	抗性消音器	2021/08/08　14:2:11	****tie	1152.00	2.30	1149.70	支付宝二维码	收入

——————————————————————————————账务明细列表结束——————————————————————

导出时间：[2021年08月09日 8:41:26]

凭证 7-4

杂志费摊销明细

单位：烟台兴茂机械制造有限公司　　　　　　　　　　　所属摊销期间：2021年08月

项目	对方科目	入账日期	入账金额	月摊销额	已摊销期数	已摊销额	本月应摊销额
杂志费	预付账款	2021/6/25	￥3,853.21	￥642.20	1	￥642.20	￥642.20

财务主管：　　　　　　　　　　　　　　　　　　　制单：

凭证 7-5-1

3700211130　　　山东增值税专用发票　　No 07660014　3700211130
　　　　　　　　　　　　　　抵扣联　　　　　　　　　　　　07660014

机器编号：836603193742　　　　　　　　　　　　　开票日期：2021年08月13日

购买方	名　称：烟台兴茂机械制造有限公司 纳税人识别号：9137061296620889 57 地址、电话：烟台市莱山区港城街100号0535-6900119 开户行及账号：中国农业银行烟台市莱山区支行15376201040000182	密码区	1<6<6>**580331/373>635223-> ++8+505>4-<+>8-+6/0<38+7562 09>>+-*93+>623-+/>2401/3/42 -*2+2<>45+-0/88++5/320+6+*<

货物或应税劳务、服务名称	规格型号	单位	数量	单价	金　额	税率	税　额
*广告服务*广告费		平米	15	283.0186667	4245.28	6%	254.72
合　计					￥4245.28		￥254.72

价税合计（大写）　⊗肆仟伍佰圆整　　　　　　　　（小写）￥4500.00

销售方	名　称：烟台海源广告策划有限公司 纳税人识别号：9137060031260A5615 地址、电话：烟台市开发区长江路10号 0535-7698430 开户行及账号：中国工商银行开发区支行15370612536759486	备注	烟台海源广告策划有限公司 9137060031260A5615 发票专用章

第二联：抵扣联　购买方抵扣凭证

收款人：周艳艳　　　复核：周艳艳　　　开票人：孙悦凯　　　销售方：（章）

凭证 7-5-2

3700211130　　　　山东增值税专用发票　　ℕ𝑜 07660014　　3700211130
　　　　　　　　　　　　　　　　　　　　　　　　　　　　　　　07660014

机器编号：
836603193742

开票日期：2021年08月13日

购买方	名　称：烟台兴茂机械制造有限公司 纳税人识别号：9137061296620889957 地　址、电话：烟台市莱山区港城街100号 0535-6900119 开户行及账号：中国农业银行烟台市莱山区支行15376201040000182	密码区	1<6<6>**580331/373>635223-> ++8+505>4-<+>8-+6/0<38+7562 09>>+-*93+>623-+/>2401/3/42 -*2+2<>45+-0/88++5/320+6+*<

货物或应税劳务、服务名称	规格型号	单位	数量	单价	金　额	税率	税　额
*广告服务*广告费		平米	15	283.0186667	4245.28	6%	254.72
合　　计					¥4245.28		¥254.72

价税合计（大写）	⊗肆仟伍佰圆整	¥4500.00

销售方	名　　称：烟台海源广告策划有限公司 纳税人识别号：9137060031260A5615 地　址、电话：烟台市开发区长江路10号 0535-7698430 开户行及账号：中国工商银行开发区支行15370612536759486	备注	烟台海源广告策划有限公司 9137060031260A5615 发票专用章

收款人：周艳艳　　　复核：周艳艳　　　开票人：孙悦凯　　　销售方：（章）

第三联：发票联　购买方记账凭证

凭证 7-5-3

中国农业银行
转账支票存根
10303726
49134311

烟台证券印制有限公司·2021年印制

附加信息

出票日期 2021年08月13日

收款人： 烟台海源广告策划有限公司

金额： ¥4 500.00

用途： 广告费

单位主管　张 丽　会计　李丰富

凭证 7-5-4

 中国农业银行 **网上银行电子回单**
AGRICULTURAL BANK OF CHINA

电子回单号码：37600569453110011384

付款方	账 号	15376201040000182	收款方	账 号	15376201040002366
	户 名	烟台兴茂机械制造有限公司		户 名	烟台海源广告策划有限公司
	开户行	中国农业银行烟台市莱山区支行		开户行	中国工商银行开发区支行

金额（小写）	¥4,500.00	金额（大写）	肆仟伍佰元整
币种	人民币	交易渠道	BTER
摘要	转账付款	凭证号	15376202201831134
交易时间	2021-08-13 09:25:17	会计日期	20210813

附言		广告费	中国农业银行股份有限公司 回单专用章

打印日期：2021-08-13

凭证 7-6-1

山东增值税电子专用发票

国家税务总局
山东省税务

发票代码：037002111213
发票号码：00199128
开票日期：2021年08月15日
校验码：18155 83939 22603 10869

机器编号：667104791233

购买方	名 称：济南信达汽车配件有限公司 纳税人识别号：9137010346JK256P03 地址、电话：济南市中区北园路612号0531-56890231 开户行及账号：中国农业银行济南市中区支行153706431940000239	密码区	00-9<30436931>*599-703<2*3+ ++53<20/>>15>4-<38+70/4+>/0 09>>+-*93+>>*99/3/45419/3/4 -*2+88++5/320--+150+6+*<2<>

项目名称	规格型号	单位	数量	单价	金 额	税率	税 额
*工业车辆配套件*铝合金油箱		件	120	486.7256667	58,407.08	13%	7592.92
合 计					¥58407.08		¥7592.92

价税合计（大写）	⊗陆万陆仟圆整		（小写）¥66000.00

销货方	名 称：烟台兴茂机械制造有限公司 纳税人识别号：9137061296620889.57 地址、电话：烟台市莱山区港城街100号0535-6900119 开户行及账号：中国农业银行烟台市莱山区支行15376201040000182	备注	

收款人：王小刚	复核：谢鸿妍	开票人：李丰富

凭证 7-6-2（复印件）

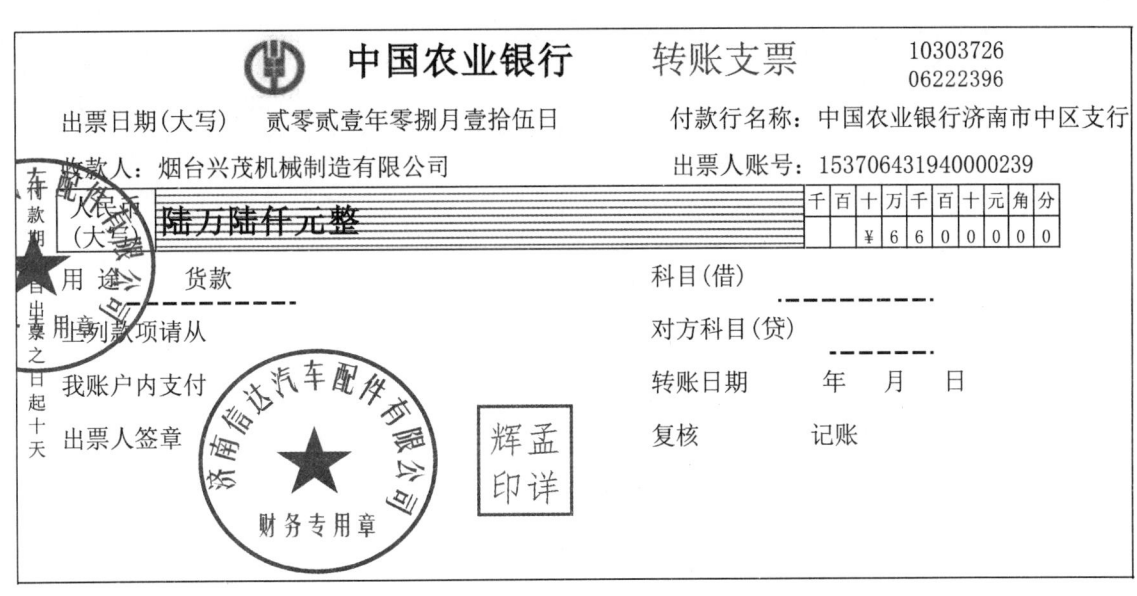

中国农业银行 转账支票	10303726 06222396

出票日期(大写)　　贰零贰壹年零捌月壹拾伍日　　　付款行名称：中国农业银行济南市中区支行

收款人：烟台兴茂机械制造有限公司　　　出票人账号：153706431940000239

人民币
(大写)　　陆万陆仟元整　　　　　千百十万千百十元角分
　　　　　　　　　　　　　　　￥6 6 0 0 0 0 0 0

用　途　　货款

上列款项请从　　　　科目(借)

我账户内支付　　　　对方科目(贷)

出票人签章　　　　转账日期　　　年　月　日

　　　　　　复核　　　记账

辉孟
印详

凭证 7-6-3

中国农业银行　进账单（回　单）

2021 年 08 月 15日

出票人	全称	济南信达汽车配件有限公司	收款人	全称	烟台兴茂机械制造有限公司										
	账号	153706431940000239		账号	15376201040000182										
	开户银行	中国农业银行济南市中区支行		开户银行	中国农业银行烟台市莱山区支行										
金额	人民币 (大写)	陆万陆仟元整	已受理			亿	千	百	十	万	千	百	十	元	角	分
									￥	6	6	0	0	0	0	0	0
票据种类	支票	票据张数	1												
票据号码	06222396														

此联是开户银行交给持票人的回单

凭证 7-6-4

	中国农业银行		网上银行电子回单			

AGRICULTURAL BANK OF CHINA

电子回单号码：37650221492627545128

付款方	账 号	153706431940000239	收款方	账 号	15376201040000182
	户 名	济南信达汽车配件有限公司		户 名	烟台兴茂机械制造有限公司
	开户行	中国农业银行济南市中区支行		开户行	中国农业银行烟台市莱山区支行
金额（小写）		¥66,000.00	金额（大写）		陆万陆仟元整
币种		人民币	交易渠道		ACIS
摘要		转账收款	凭证号		15376200050004117
交易时间		2021-08-15　15:15:46	会计日期		20210815
附言			转账支票收款		中国农业银行股份有限公司 回单专用章

打印日期：2021-08-15

凭证 7-7-1

公益事业捐赠统一票据
UNIFIED INVOICE OF DONATION FOR PUBLIC WELFARE

捐赠人：烟台兴茂机械制造有限公司　　2021年8月18日
DONOR　　　　　　　　　　　　　　　　Y　M　D　　　　　No. 1200003046

捐赠项目 For purpose	实物（外币）种类 Material objects(Currency)	数量 Amount	金 额 Total amount									
			千	百	十	万	千	百	十	元	角	分
捐赠				1	0	0	0	0	0	0	0	
金额合计(小写)In Figures				¥	1	0	0	0	0	0	0	0
金额合计(大写)In words		仟 佰 拾 壹万 零仟 零佰 零拾 零元 零角 零分										

接收单位(盖章)：　　　　　复核人：　　　　　　　　开票人：
Receiver's Seal　　　　　　Verified by　　　　　　Handling person

感谢您对公益事业的支持！Thank you for support of public welfare!

凭证 7-7-2

中国农业银行
转账支票存根
10303726
49134315

烟台证券印制有限公司·2021年印制

附加信息	
出票日期	2021年08月18日
收款人：	烟台市儿童福利院
金额：	¥10 000.00
用途：	捐赠
单位主管 张 丽	会计 李丰富

凭证 7-8-1

山东增值税电子普通发票
统一发票监制 国家税务总局 山东省税务局

发票代码：037002101311
发票号码：52728349
开票日期：2021年08月20日
校验码：09873 11056 81121 33111

机器编号：715337759223

购买方	名　　称：	薛源					密码区	9<5<1>**580331/373>67123446 ++8+505>4-<+>/0<3805>5-+780 09>>+-*93+>6401/3/4541*2*66 -*2+88++5/320+6+*<2<>23-30/		
	纳税人识别号：	370613198407103332								
	地址、电话：									
	开户行及账号：									

货物或应税劳务、服务名称	规格型号	单位	数量	单价	金　额	税率	税　额
*工业车辆配套件*铝合金油箱		件	3	486.7266667	1460.18	13%	189.82
					-88.50	13%	-11.50
合　　计					¥1371.68		¥178.32

价税合计（大写）	⊗壹仟伍佰伍拾圆整		（小写）¥1550.00

销售方	名　　称：	烟台兴茂机械制造有限公司	备注	烟台兴茂机械制造有限公司 913706129662088957 发票专用章
	纳税人识别号：	913706129662088957		
	地址、电话：	烟台市莱山区港城街100号0535-6900119		
	开户行及账号：	中国农业银行烟台市莱山区支行1537620104000182		

收款人：王小刚	复核：谢鸿妍	开票人：李丰富	销售方：（章）

凭证 7-8-2

微信支付 商户结算记录

商户号：9346235179	商户名称：烟台兴茂机械制造有限公司
起始日期：2021-08-20	结束日期：2021-08-20

结算日期	订单金额(元)	订单笔数	退款金额(元)	退款笔数	手续费(元)	入账金额(元)
2021-08-20	1550.00	1	0.00	0	9.30	1540.70

注：以上数据为该商户好的历史结算记录，以供参考。
导出时间：2021-08-20 18:40:15

凭证 7-8-3

山东增值税电子普通发票

	发票代码：037002100198
	发票号码：55216004
	开票日期：2021年08月20日
机器编号：499099766384	校验码：05311 62313 66790 25642

购买方	名　　称：烟台兴茂机械制造有限公司	密码区	03+*17*62*3042-/<62+9++5*20
	纳税人识别号：9137061296620889957		>4035>66->>/7<2/8133101<11+
	地　址、电　话：烟台市莱山区港城街100号0535-6900119		603920*586/581*8<8-925>1349
	开户行及账号：中国农业银行烟台市莱山区支行15376201040000182		>*-74//9+01140*19-15*//1-92

货物或应税劳务、服务名称	规格型号	单位	数量	单价	金额	税率	税额
*运输服务*货运服务费		次	1	37.7400000	37.74	6%	2.26
合　　计					¥37.74		¥2.26

价税合计（大写）	⊗肆拾圆整	（小写）¥40.00

销货方	名　　称：烟台顺丰速运有限公司	备注
	纳税人识别号：91370600056214307K	
	地　址、电　话：山东省烟台市莱山区观海路85号0535-2108206	
	开户行及账号：中国工商银行莱山支行1606022129200165652	

收款人：左颖　　　复核：杨美艳　　　开票人：郭海燕　　　销售方：（章）

凭证 7-8-4

 中国农业银行 网上银行电子回单
AGRICULTURAL BANK OF CHINA

电子回单号码：3755022949262233357769					
付款方	账 号	15376201040000182	收款方	账 号	1606022129200165652
	户 名	烟台兴茂机械制造有限公司		户 名	烟台顺丰速运有限公司
	开户行	中国农业银行烟台市莱山区支行		开户行	中国工商银行莱山支行
金额（小写）		￥40.00	金额（大写）		肆拾元整
币种		人民币	交易渠道		EBNK
摘要		转账取款	凭证号		15376200050004325
交易时间		2021-08-20　13:45:55	会计日期		20210820
附言				货运服务费	（中国农业银行股份有限公司 回单专用章）

打印日期：2021-08-20

凭证 7-9-1

 3700218130 **山东增值税专用发票** No 03349337 3700218130
03349337

机器编号：934603195816

此联不作报销、扣税凭证使用

开票日期：2021年08月22日

购买方	名　　　称：烟台三立有限公司 纳税人识别号：9137068756M23W1290 地址、电话：烟台市牟平区北关大街62号0535-6902323 开户行及账号：中国农业银行烟台牟平区西关分理处15376105130000219				密码区	1<6<6>*12578<>*1*580339974>< ++53<20/>>15>4-<578<>*99+/2 0>23*99/3/45419/3/4+-*93+> -+150+6+*<2<>-*2+88++5/320-

货物或应税劳务、服务名称	规格型号	单位	数量	单价	金额	税率	税额
*工业车辆配套件*抗性消音器		件	850	327.4336235	278,318.58	13%	36181.42
合　　计					￥278318.58		￥36181.42

价税合计（大写）	⊗叁拾壹万肆仟伍佰圆整	（小写）￥314500.00

销货方	名　　　称：烟台兴茂机械制造有限公司 纳税人识别号：9137061296620889957 地址、电话：烟台市莱山区港城街100号0535-6900119 开户行及账号：中国农业银行烟台市莱山区支行15376201040000182	备注	（烟台兴茂机械制造有限公司 9137061296620889957 发票专用章）

收款人：王小刚　　　　复核：谢鸿妍　　　　开票人：李丰富　　　　销售方：（章）

第一联：记账联 销售方记账凭证

凭证 7-9-2（复印件）

银行承兑汇票

出票日期 （大写） 贰零贰壹 年 零捌 月 贰拾贰 日

2 | B B | 20218476
01

出票人全称	烟台三立有限公司	收款人	全 称	烟台兴茂机械制造有限公司
出票人账号	153706431940000239		账 号	15376201040000182
付款人全称	中国农业银行烟台市牟平区西关分理处		开户银行	中国农业银行烟台市莱山区支行

出票金额	人民币（大写）	叁拾万零捌仟贰佰壹拾元整	亿 千 百 十 万 千 百 十 元 角 分
			￥ 3 0 8 2 1 0 0 0

汇票到期日（大写）	贰零贰壹年壹拾壹月贰拾贰日	付款行	行号	2342173
承兑协议编号	355243		地址	山东省烟台市牟平区北关大街646号

本汇票请你行承兑，到期无条件汇款。

（财务专用章）

辉赵 印
出票人签章

本汇票已经承兑，到期日由本行付款。

103456034091
（汇票专用章）

备注：

复核　记账

凭证 7-9-3

3700218130

山东增值税专用发票

抵扣联

№ 03312682
3700218130
03312682

机器编号：875693192297

开票日期：2021年08月22日

购买方	名　　称：烟台兴茂机械制造有限公司 纳税人识别号：913706129662088957 地　址、电话：烟台市莱山区港城街100号0535-6900119 开户行及账号：中国农业银行烟台市莱山区支行15376201040000182	密码区	1<6<6>**5803599<331/373>671 ++8+505>4-<+420/4/0<38+70/ 09>>+-*932<-3>6401/7/4541* -*2+88++5/>0+19<7320+6+*<20

第二联：抵扣联 购买方抵扣凭证

货物或应税劳务、服务名称	规格型号	单位	数 量	单 价	金 额	税率	税 额
*运输服务*运输费		吨	1.3	366.9692308	477.06	9%	42.94
合 计					￥477.06		￥42.94

价税合计（大写）	⊗伍佰贰拾圆整	（小写）￥520.00

销售方	名　　称：烟台顺丰速运有限公司 纳税人识别号：91370600056214307K 地　址、电话：山东省烟台市莱山区观海路85号0535-2108206 开户行及账号：中国工商银行莱山支行1606022129200165652	备注	车牌号豫Y3310R 货物信息　消音器 起始地　莱山区到达地　牟平区 公里数　65公里

（发票专用章 91370600056214307K）

收款人：左颖	复核：杨美艳	开票人：郭海燕	销售方：（章）

凭证 7-9-4

✂

<table>
<tr><td colspan="3">3700218130</td><td colspan="3">山东增值税专用发票</td><td colspan="2">№ 03312682</td><td>3700218130
03312682</td></tr>
<tr><td colspan="9">发票联</td></tr>
<tr><td colspan="3">机器编号：
875693192297</td><td colspan="4"></td><td colspan="2">开票日期：2021年08月22日</td></tr>
</table>

购买方	名　　称：烟台兴茂机械制造有限公司 纳税人识别号：9137061296620889575 地址、电话：烟台市莱山区港城街100号0535-6900119 开户行及账号：中国农业银行烟台市莱山区支行15376201040000182	密码区	1<6<6>**5803599<331/373>671 ++8+505>4-<+420/4>/0<38+70/ 09>>+-*932<-3+>6401/7/4541* -*2+88++5/>0+19<7320+6+*<20

货物或应税劳务、服务名称	规格型号	单位	数量	单价	金额	税率	税额
*运输服务*运输费		吨	1.3	366.9692308	477.06	9%	42.94
合　计					¥477.06		¥42.94

价税合计（大写）	⊗伍佰贰拾圆整	（小写）¥520.00

销售方	名　　称：烟台顺丰速运有限公司 纳税人识别号：91370600056214307K 地址、电话：山东省烟台市莱山区观海路85号0535-2108206 开户行及账号：中国工商银行莱山支行1606022129200165652	备注	车牌号 鲁Y3810R 消音器 货物信息 起始地 芝罘区 到达地 牟平区 公里数 65

第三联：发票联 购买方记账凭证

收款人：左颖　　　　复核：杨美艳　　　　开票人：郭海燕　　　　销售方：（章）

✂

凭证 7-9-5

✂

 # 中国农业银行　　网上银行电子回单
AGRICULTURAL BANK OF CHINA

电子回单号码：37650221492627546237						
付款方	账　号	15376201040000182	收款方	账　号	1606022129200165652
	户　名	烟台兴茂机械制造有限公司		户　名	烟台顺丰速运有限公司
	开户行	中国农业银行烟台市莱山区支行		开户行	中国工商银行莱山支行
金额（小写）	¥520.00		金额（大写）	伍佰贰拾元整	
币种	人民币		交易渠道	EBNK	
摘要	转账付款		凭证号	15376200050008229	
交易时间	2021-08-22　13:15:47		会计日期	20210822	
附言				运费	

打印日期：2021-08-22

凭证 7-10-1

山东增值电子普通发票

发票代码：037002100382
发票号码：65802467
开票日期：2021年08月25日
校验码：58863 83939 22408 04466

机器编号：661701268289

购买方	名　　　称：烟台兴茂机械制造有限公司 纳税人识别号：9137061296620889 57 地　址、电　话：烟台市莱山区港城街100号0535-6900119 开户行及账号：中国农业银行烟台市莱山区支行15376201040000182			密码区	1<6<6>*3458/373>*5803316447 5>4-<+>/0<3+8+508+75628-+6/ 09>>23-+/>26401/3/42+-*93+> 5/320+6+*<2<>45+-0/-*99<>5+		
货物或应税劳务、服务名称	规格型号	单位	数　量	单　价	金　额	税率	税　额
*防伪税控开票系统技术维护费			1	245.2800000	245.28	6%	14.72
合　　计					¥245.28		¥14.72
价税合计（大写）	⊗贰佰陆拾圆整				（小写）¥260.00		
销货方	名　　　称：烟台航天信息有限公司 纳税人识别号：9137612MA88KL46322 地　址、电　话：烟台市莱山区迎春大街182号 0535-6988005 开户行及账号：中国农业银行烟台市莱山区支行15376002040000783			备注			

收款人：邱红梅　　　复核：邱红梅　　　开票人：马明国　　　销售方：（章）

凭证 7-10-2

收　据

No.6035345

2021年8月25日

今　收　到

烟台兴茂机械制造有限公司　交来　防伪税控开票系统技术维护费

人民币（大写）　**贰佰捌拾元整**

（小写）　¥280.00

现金收讫

收款单位（签章）：

出纳：李媛媛　　核准：钱多多　　会计：　　　经手人：王开华

凭证 7-11

购销合同

甲方名称：烟台益德商贸有限公司

地址：烟台市芝罘区通世路101号

联系人：高源　　　　　　　电话：18561627818

开户银行：中国农业银行烟台市芝罘区支行

账号：15376201040000109　　　税号：913706129662085201

乙方名称：烟台兴茂机械制造有限公司

地址：烟台市莱山区港城街100号

联系人：王开华　　　　　　　电话：13665429886

开户银行：中国农业银行烟台市莱山区支行

账号：15376201040000182　　　税号：913706129662088957

　　　甲、乙双方根据《中华人民共和国合同法》及相关法律法规的规定，本着友好合作、协商一致的原则，就甲方向乙方采购铝合金油箱事宜达成协议如下：

一、货物名称、型号、数量及价格

名称	计量单位	数量	单价（元/件）	价格（元）
铝合金油箱	件	1800	678.00	1,220,400.00
合同金额（大写）	壹佰贰拾贰万零肆佰元整			

二、质量要求及售后服务

　　　乙方保证所提供的的商品符合国家质量标准或行业标准，并实行"三包"，质保期一年。

三、交货时间、地点

　　　　乙方保证负责送达甲方指定地点，运费由甲方自行承担。

四、支付方式

　　　甲方将款项于2022年8月29日、2023年8月29日、2024年8月29日分三年支付给乙方，乙方在各收款日开具增值税专用发票。

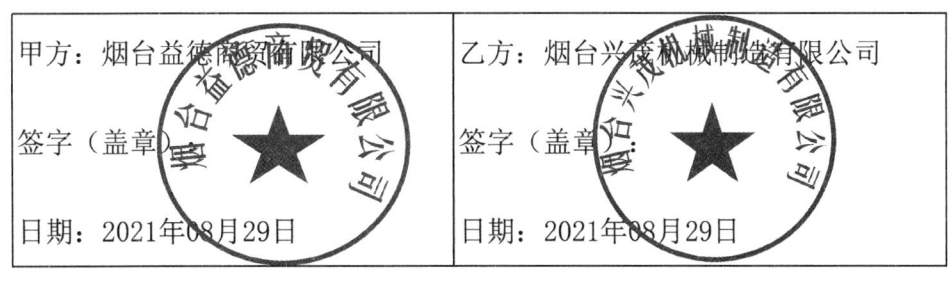

甲方：烟台益德商贸有限公司	乙方：烟台兴茂机械制造有限公司
签字（盖章）：	签字（盖章）：
日期：2021年08月29日	日期：2021年08月29日

凭证 7-12-1

购销合同

甲方名称：威海东恒公司

地址：威海市环翠区世昌大道289号

联系人：许泉　　　　　　　　电话：18837699889

开户银行：中国农业银行威海环翠支行

账号：15376201132000775　　　税号：91371000699696151X

乙方名称：烟台兴茂机械制造有限公司

地址：烟台市莱山区港城街100号

联系人：徐瑞诚　　　　　　　　电话：15553418069

开户银行：中国农业银行烟台市莱山区支行

账号：15376201040000182　　　税号：913706129662088957

甲、乙双方根据《中华人民共和国合同法》及相关法律法规的规定，本着友好合作、协商一致的原则，就甲方向乙方采购抗性消音器事宜达成协议如下：

一、货物名称、型号、数量及价格

名称	计量单位	数量	单价（元/件）	价格（元）
抗性消音器	件	200	370.00	74,000.00
合同金额（大写）	柒万肆仟元整			

二、质量要求及售后服务

乙方保证所提供的的商品符合国家质量标准或行业标准，并实行"三包"，质保期一年。

三、交货时间、地点

乙方保证负责送达甲方指定地点，运费由甲方自行承担。

四、支付方式

乙方将货物运至甲方制定地点后，开具增值税专用发票，甲方一次性付清货款。2021年11月30日，乙方按照400元/件的价格回购该批抗性消音器销售，甲方将货物运至乙方指定地点后，开具增值税专用发票，乙方一次性付清货款。

甲方：威海东恒公司	乙方：烟台兴茂机械制造有限公司
签字（盖章）	签字（盖章）
日期：2021年08月31日	日期：2021年08月31日

凭证 7-12-2

山东增值税专用发票　　No 03349339

3700218130

此联不作报销、扣税凭证使用

3700218130
03349339

机器编号：
967702287934

开票日期：2021年08月31日

购买方	名　称：	威海东恒公司							密码区	1<6<6>*/373>63523*/6*580332 ++8+505>4-<+>/213-+0<38+754 09>>+-*34458/93+>6401/3/427 -*2+88++*<2<>0<1+/55/320+66
	纳税人识别号：	913710006996969151X								
	地址、电话：	威海市环翠区世昌大道289号0631-5771610								
	开户行及账号：	中国农业银行威海环翠支行15376201132000775								

货物或应税劳务、服务名称	规格型号	单位	数量	单价	金额	税率	税额
*工业车辆配套件*抗性消音器		件	200	327.4336500	65486.73	13%	8513.27
合　计					￥65,486.73		￥8,513.27

价税合计（大写）	⊗柒万肆仟圆整	（小写）￥74000.00

销货方	名　称：	烟台兴茂机械制造有限公司	备注
	纳税人识别号：	913706129662088957	
	地址、电话：	烟台市莱山区港城街100号0535-6900119	
	开户行及账号：	中国农业银行烟台市莱山区支行15376201040000182	

收款人：王小刚　　复核：谢鸿妍　　开票人：李丰富　　销售方：（章）

第一联：记账联　销售方记账凭证

凭证 7-12-3（复印件）

中国农业银行　转账支票

10303726
06222485

出票日期（大写）　　贰零贰壹年零捌月叁拾壹日　　付款行名称：中国农业银行威海环翠支行

收款人：烟台兴茂机械制造有限公司　　出票人账号：15376201132000775

人民币（大写）　柒万肆仟元整　　千百十万千百十元角分　￥74000000

用途　货款

上列款项请从我账户内支付

出票人签章

科目（借）
对方科目（贷）
转账日期　年　月　日
复核　　记账

凭证 7-12-4

中国农业银行 进账单（回单）

2021 年 08 月 31 日

出票人	全称	威海东恒公司	收款人	全称	烟台兴茂机械制造有限公司	
	账号	15376201132000775		账号	15376201040000182	
	开户银行	中国农业银行威海环翠支行		开户银行	中国农业银行烟台市莱山区支行	

金额	人民币（大写）	柒万肆仟元整	已受理	亿	千	百	十	万	千	百	十	元	角	分
								¥	7	4	0	0	0	0	0

票据种类	支票	票据张数	1
票据号码	06222485		

此联是开户银行交给持票人的回单

凭证 7-12-5

中国农业银行　　网上银行电子回单
AGRICULTURAL BANK OF CHINA

电子回单号码：37650221492627656239

付款方	账 号	15376201132000775	收款方	账 号	15376201040000182
	户 名	威海东恒公司		户 名	烟台兴茂机械制造有限公司
	开户行	中国农业银行威海环翠支行		开户行	中国农业银行烟台市莱山区支行
金额（小写）		¥74,000.00	金额（大写）		柒万肆仟元整
币种		人民币	交易渠道		ACIS
摘要		转账收款	凭证号		15376200050004117
交易时间		2021-08-31　17:15:23	会计日期		20210831
附言			转账支票		

打印日期：2021-08-31

凭证 7-12-6

售后回购利息费用分摊表

单位：烟台兴茂机械制造有限公司　　　　　　时间：2021年09月30日

对方单位名称	销售时间	不含税售价	回购时间	不含税回购价	每月分摊利息费用
威海东恒公司					
合计	—		—		

会计：李丰富　　　　　　　　　　　　财务主管：张　丽

实训八 投资与筹资会计岗

一、投资与筹资会计岗位职责

投资与筹资会计的具体岗位职责如下：

(1) 掌握公司财务状况、经营成果和资金变动情况,根据公司年度资金计划,规划资金筹措和资本运作方案。

(2) 参与公司重大投融资决策,优化资本结构和资本配置。

(3) 熟悉各类贷款政策和工作程序,协调担保单位的关系。

(4) 掌握借款偿还日期及应付借款利息等还贷工作,拟定偿还借款计划报领导审批。

(5) 了解借款资金使用状况,定期编制相关借款资金使用分析报告。

(6) 合理利用公司资金,办理投资业务。

(7) 根据投资、融资经济业务相关原始凭证,编制记账凭证,进行明细核算。

(8) 完成领导交办的其他工作。

二、实训目的

(1) 熟悉其他权益工具投资业务的核算。

(2) 掌握交易性金融资产、债权投资和长期股权投资业务的核算方法。

(3) 掌握投资性房地产业务的核算方法。

(4) 掌握短期借款和长期借款的取得、利息计提及归还业务的核算方法。

(5) 掌握所有者投资业务的核算方法。

(6) 掌握投资与筹资相关总分类账簿和明细分类账簿的登记方法。

三、实训资料

2021 年 12 月 1 日,烟台兴茂机械制造有限公司交易性金融资产、应收利息、其他权益工具投资、债权投资、投资性房地产、长期股权投资、短期借款、应付利息、实收资本及资本公积账户期初余额如表 8-1 所示。

表 8-1 投资与筹资相关账户期初余额

总账科目	明细科目	借贷方向	余额	账户类型
交易性金融资产	股票投资——浪潮软件(成本)	借	300 000.00	三栏式
	股票投资——浪潮软件(公允价值变动)	借	222 000.00	三栏式
应收利息	腾飞公司	平	0.00	三栏式

(续表)

总账科目	明细科目	借贷方向	余额	账户类型
应收股利	烟台天明机械装备有限公司	平	0.00	三栏式
其他权益工具投资	股票投资——中信证券（成本）	平	0.00	三栏式
	股票投资——中信证券（公允价值变动）	平	0.00	三栏式
债权投资	腾飞公司债券——面值	借	200 000.00	三栏式
	腾飞公司债券——利息调整	借	3 000.00	三栏式
投资性房地产	成本	平	0.00	三栏式
长期股权投资	烟台天明机械装备有限公司——成本	借	400 000.00	三栏式
	烟台天明机械装备有限公司——损益调整	借	18 740.00	三栏式
短期借款	农业银行	贷	650 000.00	三栏式
应付利息	农业银行	贷	23 100.00	三栏式
实收资本	烟台兴鲁机械制造有限公司	贷	7 000 000.00	三栏式
	烟台飞达机械设备有限公司	贷	850 000.00	三栏式
	烟台海德专用车有限公司	平	0.00	三栏式
资本公积	资本溢价	平	0.00	三栏式
	其他资本公积	贷	280 000.00	三栏式

2021年12月，烟台兴茂机械制造有限公司发生的与投资、筹资会计岗相关的经济业务如下：

【1】 1日，向中国农业银行借入6个月的生产经营用借款100 000元，年利率为3.6%，到期还本、分期付息，款项已收到并存入银行。

【2】 8日，转让作为交易性金融资产核算的浪潮软件股票，收到1张交割凭证。出售日，本批出售股票的账面价值为348 000元，其中成本为200 000元，公允价值变动为148 000元。

【3】 13日，支付本年长期借款利息共计25 200元，其中支付本月利息2 100元，支付1~11月已计提利息23 100元。长期借款的名义利率与实际利率相同。

【4】 19日，购入中信证券3 000股，作为其他权益工具投资核算，收到1张交割凭证。

【5】 27日，接受烟台海德专用车有限公司投入铣床设备1台，其中550 000元作为新增注册资本，发票尚未经过认证。

【6】 29日，用银行存款支付本月短期借款利息。

【7】 30日，以转账支票购入土地使用权，用于资本增值，收到增值税专用发票，列明价款3 200 000元，增值税额288 000元，发票尚未经过认证。

【8】 31日，一笔150 000元的中国农业银行短期借款到期，用企业银行存款偿还该项借款。

【9】 31日,对本年1月1日购买的腾飞公司债券进行计息。该债券面值为200 000元,票面利率为5%,按年计息,于次年1月6日付息,三年后到期一次还本,公司采用的实际利率为4.46%。该债券发行方不可以提前赎回,公司将其划分为以摊余成本计量的金融资产,年初摊余成本为203 000元。

提示:公司采用实际利率法确认投资收益,对于分期付息债券而言,本期投资收益=本期期初摊余成本×实际利率;本期期末摊余成本(即下期期初摊余成本)=本期期初摊余成本±本期利息调整摊销金额=本期期初摊余成本×(1+实际利率)一面值×票面利率。

【10】 31日,持有的交易性金融资产浪潮软件收盘价为18.38元/股,计算交易性金融资产的公允价值变动。

【11】 31日,持有的其他权益工具投资中信证券收盘价为21.08元/股,计算其他权益工具投资的公允价值变动。

【12】 31日,收到被投资单位烟台天明机械装备有限公司报送的本年度利润表及其董事会关于利润分配的决议,烟台天明机械装备有限公司本年实现净利润110 000元,宣告分配现金股利50 000元,我公司出资比例为20%,取得投资时,烟台天明机械装备有限公司各项可辨认资产等的公允价值与其账面价值相等。

四、实训要求

(1) 设置投资与筹资相关总账和明细账,包括"交易性金融资产""其他权益工具投资""债权投资""投资性房地产""长期股权投资""实收资本""资本公积""短期借款""应付利息""应收利息""应收股利",登记期初余额。

(2) 填制和审核经济业务【1】至【12】的原始凭证,对有问题的原始凭证提出解决方案后,编制记账凭证。

提示:经济业务【1】至【12】的凭证编号依次为记001、记013、记018、记035、记049、记055、记058、记059、记060、记061、记062、记063和记064。

(3) 根据经济业务【1】至【12】的记账凭证和原始凭证,登记"交易性金融资产""其他权益工具投资""债权投资""投资性房地产""长期股权投资""实收资本""资本公积""短期借款""应付利息"明细分类账和总分类账。

(4) 期末结账。

五、思政课堂

雅戈尔抛售金融资产:回笼资金,专注实业

服装、地产和投资,曾是雅戈尔的"三驾马车"。然而,2019年雅戈尔发布公告称,为了实现价值最大化目标,公司拟对发展战略作出重大调整,未来将进一步聚焦服装主业的发

展,除战略性投资和继续履行投资承诺外,公司将不再开展非主业领域的财务性股权投资,并择机处置现有财务性股权投资项目。

2018年1月1日—1月22日,雅戈尔出售了浦发银行、宁波银行可转债等金融资产,交易金额合计5.56亿元;1月23日—4月12日,出售浦发银行、宁波银行可转债等金融资产,交易金额为19.58亿元;4月13日—9月6日期间,雅戈尔出售了中信股份、宁波银行可转债等金融资产,交易金额约为2.28亿元。9月7日—11月15日,出售创业软件股份交易金额为5287.24万元;11月16日—11月20日继续抛售,出售创业软件股份交易金额为4439.68万元。2020年9月8日—2020年9月14日,公司出售宁波银行4687.47万股,交易金额为154867.33万元,占2019年年末经审计净资产的5.57%,净利润为43311.34万元(未经审计),占2019年度经审计净利润的10.90%。

雅格尔董事长李如成谈到雅戈尔回归服装主业的原因时强调:"雅戈尔如果真正要做强做大,服装才是我们的核心。房地产这块国家在不断地调控,不太明晰,这条路对于雅戈尔来说很难走通,而投资的机遇性又比较大,我们在此也并没有很强大的、专业的团队,而在服装这块,雅戈尔已经投入了30多年。尽管相较于房地产的动辄5亿元、10亿元,服装赚钱靠的是一件件卖衣服,来钱实在是慢,但是它够稳健。"

资料来源:北京青年报,2018-12-11,《雅戈尔今年抛售40亿金融资产》,http://finance.china.com.cn/stock/20181211/4835203.shtml。

请思考:

1. 如果雅戈尔持有某一金融资产的主要目的是赚取差价,按照最新《企业会计准则第22号——金融工具确认和计量》的规定,应将其划分为哪一类金融资产? 如何核算?

2. 雅格尔抛售金融资产以及专注实业的行为对大学生有何启发?

六、实训原始凭证

凭证 8-1-1

中国农业银行保证担保借款合同

农银借保字 2021 第 119 号

贷款人：中国农业银行烟台市莱山区支行

借款人：　　　烟台兴茂机械制造有限公司　　　

保证人：　　　烟台益德商贸有限公司　　　

经贷款人、借款人、保证人充分协商，根据有关法律法规签定本合同，共同遵守。

一、贷款人同意向借款人发放以下内容贷款：

（一）贷款种类　　担保借款　　；借款用途　　日常生产经营　　。

（二）贷款金额　　人民币壹拾万元整　　（币种及金额大写）。

（三）贷款期限：自 2021 年 12 月 01 日起至 2022 年 5 月 31 日止。还款方式到期一次性还本。

（四）利率为月息　3　‰，按　月　计付利息（如遇国家利率调整或借款人未按时向贷款人付息时，按中国人民银行有关规定办理）。

二、保证人与借款人对债务承担连带责任。

三、保证人保证期间：自 2021 年 12 月 01 日至 2022 年 5 月 31 日。

四、保证人的保证范围包括主债权、利息、违约金以及贷款人实现债权的费用。

五、借款人应按合同订立的期限归还贷款本息。逾期贷款在逾期期间按日利率 0.2‰ 计收利息。如需延期还款，借款人必须在贷款到期前15天向贷款人提出延期申请，经贷款人同意后签定延期还款协议。延期协议签定后，保证人自愿继续承担保证责任。

六、借款人应按合同规定用途使用贷款，对挤占挪用贷款在挤占挪用期间按日利率 0.15‰ 计收利息。

七、借款人承诺：（1）向贷款人提供真实的资产负债表、损益表及所有开户行、账号、存款余额等资料。（2）接受贷款人对其使用信贷资金情况和有关生产经营、财务活动的监督。（3）按合同规定用途使用贷款并按期清偿贷款本息。（4）用本企业资产对他人债务进行担保，应事先通知贷款人，并不得影响贷款人到期收回贷款。（5）借款人法定代表人更换、改变住所或经营场所以及减少注册资金时，应事先通知贷款人。（6）借款人因实行承包、租赁、联营、股份制改造、分立、被兼并（合并）、对外投资及其他原因而改变经营管理方式或产权组织形式时，应提前通知贷款人，并落实债务和还款措施。

借款人违反本条任何一款内容，贷款人有权提前收回贷款、停止发放借款人尚未使用的贷款或采取其他信贷制裁措施。

八、贷款人依照本合同规定提前收回贷款本息时，保证人应当承担保证责任。

九、贷款人依照本合同收回或提前收回贷款本息，均可直接从借款人帐户中扣收，并可在必要时商请其他金融机构代为扣收。

十、本合同发生纠纷，由贷款方所在地人民法院管辖。

十一、其他事项：

无。

十二、本合同一式　三　份，借、贷、保证人各持一份。本合同自各方签章之日生效。

借款人：（公章）	贷款人：（公章或合同专用章）
开户银行及账号：中国农业银行烟台市莱山区支行15376201040000182	负责人（授权委托人）：（签章）　王成
住所：烟台市莱山区港城街100号	
法定代表人（授权委托人）：（签章）　孔祥瑞	

保证人

保证人：（公章）
开户银行及账号：中国农业银行烟台市芝罘区支行15376201040000109
住所：烟台市芝罘区通世路101号
法定代表人（授权委托人）：（签章）　徐峰
签约日期　2021　年　12　月　01　日
签约地点　山东省烟台市莱山区迎春大街137号

凭证 8-1-2

中国农业银行贷款凭证

编号：第119号　　　　　　　　贷款日期：2021年12月01日

借款单位名称	烟台兴茂机械制造有限公司	存款账号	15376201040000182	贷款账户	15376202140003796

借款金额（大写）	壹拾万元整	千	百	十	万	千	百	十	元	角	分
		¥	1	0	0	0	0	0	0	0	0

贷款用途	日常生产经营	贷款利率（月息）	3‰	到期时间	2022年5月31日

兹根据农银借保字 2021 第 119 号借款合同办理此笔贷款，我单位保证遵守你行贷款管理办法和借款有关规定，按规定用途使用借款。到期请凭此锯收回贷款。

借款单位（个人）签章

（预备印签）

信贷部门审查意见及签章：

同意

2021年 12月

②代借据　会计部门留存

分次贷款偿还记录	偿还日期	偿还金额	结欠金额	偿还日期	偿还金额	结欠金额

凭证 8-1-3

 中国农业银行 　　网上银行电子回单
AGRICULTURAL BANK OF CHINA

电子回单号码：37650221493335611446

付款方	账　号	15386201940053010	收款方	账　号	15376201040000182
	户　名	中国农业银行烟台市莱山区支行		户　名	烟台兴茂机械制造有限公司
	开户行	3862		开户行	中国农业银行烟台市莱山区支行
金额（小写）	¥100,000.00		金额（大写）	壹拾万元整	
币种	人民币		交易渠道	ACIS	
摘要	转账收款		凭证号	15376200050021163	
交易时间	2021-12-01　15:58:46		会计日期	20211201	
附言			短期借款		

打印日期：2021-12-01

凭证 8-2-1

股票成交过户交割凭单

发生日期	2021-12-08	发生时间	11:23:06
名　称	浪潮软件	代　码	600659
币　种	人民币	买卖类别	证券卖出
发生金额	372,226.00	成交金额	372,800.00
成交数量	20000	成交价格	18.64
印花税	372.80	过户费	26.62
佣　金	131.50	交易规费	43.08
流水号	1430032173	股东账号	A287919380
股份余额	10000	资金余额	442,226.00

凭证 8-2-2

交易性金融资产成本与公允价值变动结转计算表

股票名称	期初股票			本期出售		
	数量	成本	公允价值变动	数量	成本	公允价值变动
浪潮软件	30,000.00	300,000.00	222,000.00	20,000.00	200,000.00	148,000.00

会计：　李丰富　　　　　　　　　　　　　财务主管：　张丽

凭证 8-3-1

长期借款利息明细

单位：烟台兴茂机械制造有限公司　　　　所属期间：2021年12月

项目	对方科目	借款日期	借款金额	借款期限	年利率	月计提应付利息额	已计提期数	已计提应付利息额	支付利息	本月应计提利息
长期借款利息	应付利息	2019/1/1	¥600,000.00	6年	4.20%	¥2,100.00	11	¥23,100.00	¥25,200.00	¥2,100.00

财务主管：　张丽　　　　　　复核：　谢鸿妍　　　　　　制单：　李丰富

凭证 8-3-2

中国农业银行　　　网上银行电子回单
AGRICULTURAL BANK OF CHINA

电子回单号码：37600569453297972689					
付款方	账　号	15376201040000182	收款方	账　号	15386201940053010
	户　名	烟台兴茂机械制造有限公司		户　名	中国农业银行烟台市莱山区支行
	开户行	中国农业银行烟台市莱山区支行		开户行	3862
金额（小写）		￥25,200.00	金额（大写）		贰万伍仟贰佰元整
币种		人民币	交易渠道		BTER
摘要		转账	凭证号		15376200050032172
交易时间		2021-12-13　15:33:17	会计日期		20211213
附言			长期借款利息		

打印日期：2021-12-13

凭证 8-4-1

经理办公室会议纪要

　　经公司经理办公室会议决定，拟以不高于17.0元的价格购入建信证券（600020）3 000股，作为其他权益工具投资。

　　参加人员：孔祥瑞　　张丽　　李丰富　　谢鸿妍

2021年12月19日

凭证 8-4-2

股票成交过户交割凭单

发生日期	2021-12-19	发生时间	15:26:11
名 称	中信证券	代 码	600030
币 种	人民币	买卖类别	证券买入
发生金额	49,050.00	成交金额	48,900.00
成交数量	3000	成交价格	16.30
印 花 税	0.00	过户费	2.00
佣 金	139.20	交易规费	8.80
流 水 号	1430024183	股东账号	A237919380
股份余额	3000	资金余额	393,176.00

凭证 8-5-1

3700211130　　山东增值税专用发票　№07660113　3700211130
07660113

抵扣联

机器编号：
836603271859

开票日期：2021年12月27日

购买方	名　　称：烟台兴茂机械制造有限公司 纳税人识别号：913706129662088957 地址、电话：烟台市莱山区港城街100号0535-6900119 开户行及账号：中国农业银行烟台市莱山区支行15376201040000182	密码区	1<6<6>*/6*580331373>63523*/ ++8+505>4-<+>+0<38+756/213- 09>>+-*346401/3/422458/93+> -*2+88++*<2>0<20+6+1+/55/3

货物或应税劳务、服务名称	规格型号	单位	数 量	单价	金 额	税率	税 额
*铣床		台	1	150,442.48	548,672.57	13%	71327.43
合　　计					¥548672.57		￥71,327.43

价税合计（大写）	⊗陆拾贰万圆整		¥620000.00

销售方	名　　称：烟台海德专用车有限公司 纳税人识别号：913702147MA55675L8 地址、电话：烟台市牟平区新城大街11号 0535-4773429 开户行及账号：农行牟平区支行15376651060000779	备注	烟台海德专用车有限公司 913702147MA55675L8 发票专用章

第二联：抵扣联　购买方抵扣凭证

收款人：蒋宏运　　　复核：蒋宏运　　　开票人：陈康　　　销售方：（章）

凭证 8-5-2

山东增值税专用发票   №07660113   3700211130
发票联   07660113

机器编号：
836603271859

开票日期：2021年12月27日

购买方	名　　　称：烟台兴茂机械制造有限公司 纳税人识别号：913706129662088957 地　址、电话：烟台市莱山区港城街100号0535-6900119 开户行及账号：中国农业银行烟台市莱山区支行15376201040000182	密码区	1<6<6>*/*6*580331373>63523*/ ++8+505>4-<+>+0<38+756/213- 09>>+-*346401/3/422458/93+> -*2+88++*<2<>0<20+6+1+/55/3

第三联：发票联　购买方记账凭证

货物或应税劳务、服务名称	规格型号	单位	数量	单价	金　额	税率	税　额
*铣床		台	1	150,442.48	548,672.57	13%	71327.43
合　　计					¥548672.57		¥71,327.43

价税合计（大写）	⊗陆拾贰万圆整	¥620000.00

销售方	名　　　称：烟台海德专用车有限公司 纳税人识别号：913702147MA55675L8 地　址、电话：烟台市牟平区新城大街11号 0535-4773429 开户行及账号：农行牟平区支行15376651060000779	备注

烟台海德专用车有限公司
913702147MA55675L8
发票专用章

收款人：蒋宏运　　　复核：蒋宏运　　　开票人：陈康　　　销售方：（章）

凭证 8-5-3

烟台兴茂机械制造有限公司固定资产验收单
2021年 12 月 27日

名称	规格型号	来源	数量	购（造）价	使用年限	预计残值率
机床	－	投资者投入	1	548672.57元	10年	5%
安装费	月折旧率	建造单位	交工日期	附件		
0.00	0.79%	烟台海德专用车有限公司	2021.12.27	增值税专用发票、董事会决议、投资协议书		
验收部门		验收人员	管理部门	生产部		
备注						

审核：张　丽　　　　　　　　制单：李丰富

凭证 8-5-4

烟台兴茂机械制造有限公司
董事会决议

时间：2021年12月20日

地点：烟台兴茂机械制造有限公司4楼会议室

主持人：孔祥瑞

参加人员：董事会全体成员

议题：

1.增加烟台海德专用车有限公司为公司股东。

2.公司注册资本增加55万元。

相关事宜经全体董事表决一致形成如下决议：

    1.接受烟台海德专用车有限公司对烟台兴茂机械制造有限公司的投资人民币62万元。

    2.此次增资额由烟台海德专用车有限公司以设备62万元出资。其中55万元为新增注册资本，人民币7万元计入资本公积。

    3.鉴于上述增资，同意相应修改公司章程，并通过修改后的公司章程。

    附件：烟台兴茂机械制造有限公司章程修正案（略）

全体董事签字：略

烟台兴茂机械制造有限公司

2021年12月20日

凭证 8-5-5

投资协议书

（2021）第3号文

投资单位（甲方）	烟台海德专用车有限公司	受资单位（乙方）	烟台兴茂机械制造有限公司
地址	烟台市牟平区新城大街11号	地址	烟台市莱山区港城街100号
账号	15376651060000779	账号	15376201040000182
投资金额	人民币（大写）陆拾贰万元整		
协议条款	甲乙双方根据《中华人民共和国公司法》等法律法规，本着互利互惠、共同发展的原则，经充分协商，就甲方投资乙方事宜达成如下协议，供双方共同遵守。 第一，烟台海德专用车有限公司向烟台兴茂机械制造有限公司投资62万元。 第二，烟台海德专用车有限公司投资后占烟台兴茂机械制造有限公司注册资本6.55%的份额，即享有注册资本55万元。 第三，烟台海德专用车有限公司必须于2021年12月27日前向烟台兴茂机械制造有限公司出资。 · · · · · ·  甲方签章：烟台海德专用车有限公司 签订日期：2021年12月20日			乙方签章：烟台兴茂机械制造有限公司

凭证 8-6-1

短期借款利息明细

单位：烟台兴茂机械制造有限公司　　　　　　　　　　所属期间：2021年12月

项目	对方科目	借款日期	借款期限	到期日期	借款金额	年利率	月利息额
短期借款利息	银行存款	2021/5/1	8个月	2022/12/31	¥150,000.00	3.42%	¥427.50
短期借款利息	银行存款	2021/9/15	1年	2022/9/15	¥400,000.00	3.54%	¥1,180.00
短期借款利息	银行存款	2021/12/1	6个月	2022/5/31	¥100,000.00	3.60%	¥300.00
合计	–	–	–	–	–	–	¥1,907.50

会计：李丰富　　　　　　　　　　　　　　　　　财务主管：张丽

凭证 8-6-2

 中国农业银行　　**网上银行电子回单**
AGRICULTURAL BANK OF CHINA

电子回单号码：37600569453286833217

付款方	账　号	15376201040000182	收款方	账　号	15386201940053010
	户　名	烟台兴茂机械制造有限公司		户　名	
	开户行	中国农业银行烟台市莱山区支行		开户行	3862
金额（小写）		¥1,907.50	金额（大写）		壹仟玖佰零柒元伍角整
币种		人民币	交易渠道		BTER
摘要		转账	凭证号		15376200050041165
交易时间		2021-12-29　14:23:34	会计日期		20211229
附言			短期借款利息		中国农业银行股份有限公司 回单专用章

打印日期：2021-12-29

凭证 8-7-1

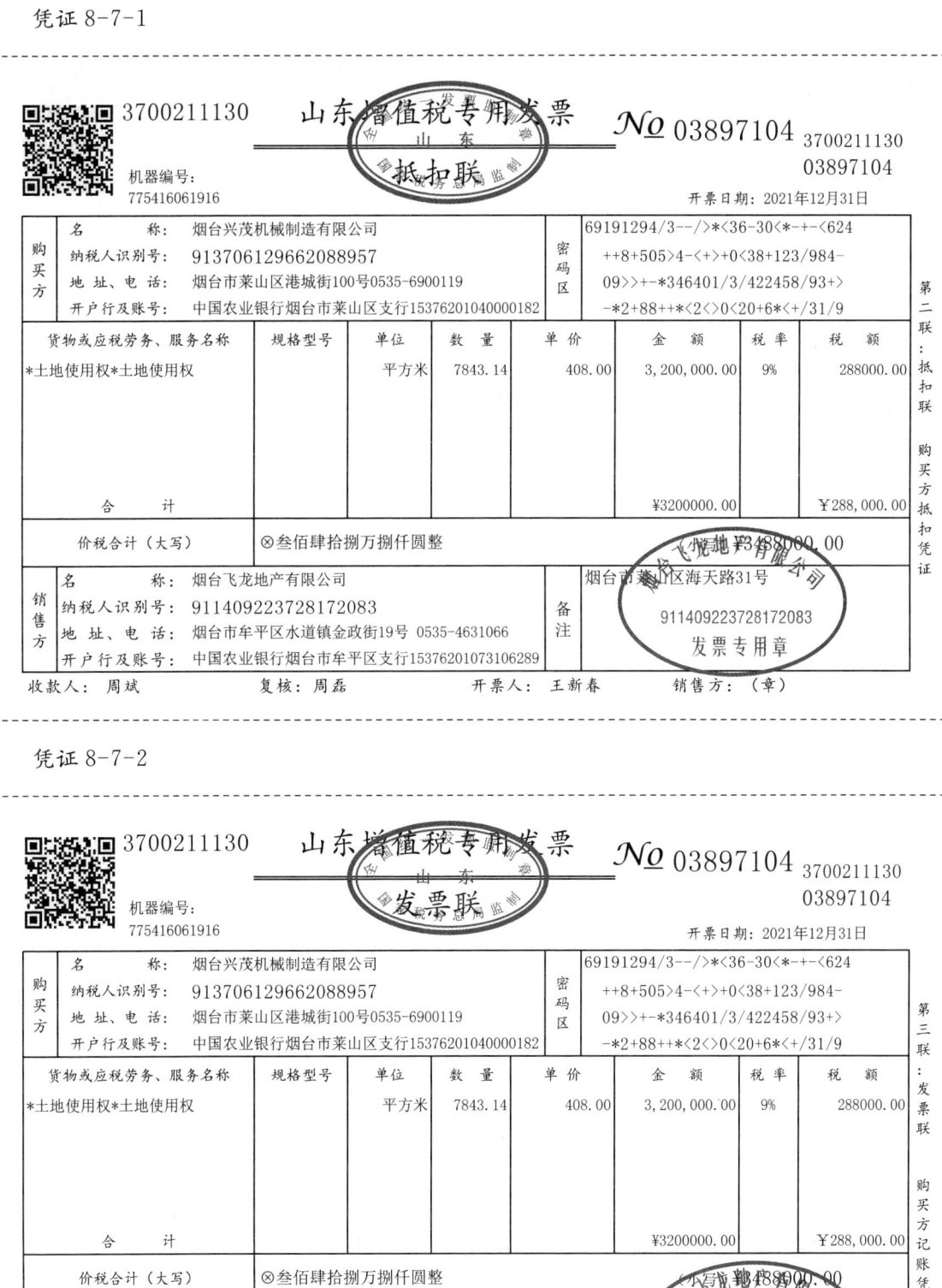

山东增值税专用发票　抵扣联

3700211130　　No 03897104　　3700211130　03897104

机器编号：775416061916

开票日期：2021年12月31日

购买方	名　　称： 烟台兴茂机械制造有限公司
	纳税人识别号： 913706129662088957
	地址、电话： 烟台市莱山区港城街100号0535-6900119
	开户行及账号： 中国农业银行烟台市莱山区支行15376201040000182

密码区

69191294/3--/>*<36-30<*-+-<624
++8+505>4-<+>+0<38+123/984-
09>>+-*346401/3/422458/93+>
-*2+88++*<2<>0<20+6*<+/31/9

第二联：抵扣联　购买方抵扣凭证

货物或应税劳务、服务名称	规格型号	单位	数量	单价	金　额	税率	税　额
*土地使用权*土地使用权		平方米	7843.14	408.00	3,200,000.00	9%	288000.00
合　　计					¥3200000.00		¥288,000.00

价税合计（大写）　⊗叁佰肆拾捌万捌仟圆整　（小写）¥3488000.00

销售方	名　　称： 烟台飞龙地产有限公司
	纳税人识别号： 911409223728172083
	地址、电话： 烟台市牟平区水道镇金政街19号　0535-4631066
	开户行及账号： 中国农业银行烟台市牟平区支行15376201073106289

备注　烟台市莱山区海天路31号　911409223728172083　发票专用章

收款人：周斌　　复核：周磊　　开票人：王新春　　销售方：（章）

凭证 8-7-2

山东增值税专用发票　发票联

3700211130　　No 03897104　　3700211130　03897104

机器编号：775416061916

开票日期：2021年12月31日

购买方	名　　称： 烟台兴茂机械制造有限公司
	纳税人识别号： 913706129662088957
	地址、电话： 烟台市莱山区港城街100号0535-6900119
	开户行及账号： 中国农业银行烟台市莱山区支行15376201040000182

密码区

69191294/3--/>*<36-30<*-+-<624
++8+505>4-<+>+0<38+123/984-
09>>+-*346401/3/422458/93+>
-*2+88++*<2<>0<20+6*<+/31/9

第三联：发票联　购买方记账凭证

货物或应税劳务、服务名称	规格型号	单位	数量	单价	金　额	税率	税　额
*土地使用权*土地使用权		平方米	7843.14	408.00	3,200,000.00	9%	288000.00
合　　计					¥3200000.00		¥288,000.00

价税合计（大写）　⊗叁佰肆拾捌万捌仟圆整　（小写）¥3488000.00

销售方	名　　称： 烟台飞龙地产有限公司
	纳税人识别号： 911409223728172083
	地址、电话： 烟台市牟平区水道镇金政街19号　0535-4631066
	开户行及账号： 中国农业银行烟台市牟平区支行15376201073106289

备注　烟台市莱山区海天路31号　911409223728172083　发票专用章

收款人：周斌　　复核：周磊　　开票人：王新春　　销售方：（章）

凭证 8-7-3

中国农业银行
转账支票存根
10303727
38191127

附加信息

烟台证券印制有限公司·2021年印制

出票日期 2021年12月31日

收款人： 烟台飞龙地产有限公司

金额： ¥3 488 000.00

用途： 购买土地使用权

单位主管 　张 丽　 会计 　李丰富　

凭证 8-7-4

 中国农业银行　　　　**网上银行电子回单**
AGRICULTURAL BANK OF CHINA

电子回单号码：37600569452260093157					
付款方	账 号	15376201040000182	收款方	账 号	15376201073106289
	户 名	烟台兴茂机械制造有限公司		户 名	烟台飞龙地产有限公司
	开户行	中国农业银行烟台市莱山区支行		开户行	中国农业银行烟台市牟平区支行
金额（小写）		¥3,488,000.00	金额（大写）		叁佰肆拾捌万捌仟元整
币种		人民币	交易渠道		BTER
摘要		转账付款	凭证号		15376202202459126
交易时间		2021-12-31 10:27:46	会计日期		20211231
附言			购买土地使用权		

打印日期：2021-12-31

凭证 8-7-5

烟台兴茂机械制造有限公司
董事会决议

时间：2021年12月28日

地点：烟台兴茂机械制造有限公司4楼会议室

主持人：孔祥瑞

参加人员：董事会全体成员

议题：

1. 购入土地使用权。

2. 将购入的土地使用权用于资本增值。

相关事宜经全体董事表决一致形成如下决议：

    1. 从烟台飞龙地产有限公司购入土地使用权。

    2. 购入的土地使用权用于资本增值，作为投资性房地产核算，按照公允价值模式进行后续计量。

全体董事签字：略

烟台兴茂机械制造有限公司
2021年12月28日

凭证 8-8

 中国农业银行　　**网上银行电子回单**
AGRICULTURAL BANK OF CHINA

电子回单号码：37600569453286749349

付款方	账　号	15376201040000182	收款方	账　号	15386201940053010
	户　名	烟台兴茂机械制造有限公司		户　名	
	开户行	中国农业银行烟台市莱山区支行		开户行	3862
金额（小写）		¥150,000.00	金额（大写）		壹拾伍万元整
币种		人民币	交易渠道		BTER
摘要		转账	凭证号		15376200050043174
交易时间		2021-12-31　15:29:52	会计日期		20211231
附言			短期借款本金		

打印日期：2021-12-31

凭证 8-9

债权投资摊余成本计算表

计息期间	期初摊余成本	投资收益	应收利息	摊销额	期末摊余成本
2021.1.1-2021.12.31					
2022.1.1-2022.12.31					
2023.1.1-2023.12.31					

会计： 李丰富　　　　　　　　　财务主管： 张　丽

凭证 8-10

交易性金融资产成本与公允价值变动明细

时间	股票名称	股票数量	股票价格	股票成本	本期应确认的公允价值变动
2019年8月13日	浪潮软件	45000	10.00	450,000.00	0.00
2019年12月31日	浪潮软件	30000	14.60		
2020年12月31日	浪潮软件	30000	17.40		
2021年12月31日	浪潮软件	10000	18.38		

会计： 李丰富　　　　　　　　　财务主管： 张　丽

凭证 8-11

其他权益工具投资成本与公允价值变动明细

时间	股票名称	股票数量	股票价格	股票成本	本期应确认的公允价值变动
2021年12月19日	中信证券	3000	16.35	49,050.00	0.00
2021年12月31日	中信证券	3000	21.08		

会计： 李丰富　　　　　　　　　　财务主管： 张　丽

凭证 8-12

长期股权投资损益调整计算表
2021年12月31日

被投资单位	当年净利润（元）	宣告分配现金股利(元)	本公司出资比例	投资收益（元）	应收股利（元）
烟台天明机械装备有限公司	110,000.00	50,000.00	20.00%	22,000.00	10,000.00

会计： 李丰富　　　　　　　　　　财务主管： 张　丽

实训九　总账会计岗

一、总账会计岗位职责

总账会计的具体岗位职责如下：

（1）负责财务部制度、标准及流程的建设工作，严格执行各项财务制度，做好成本费用的核算和控制。

（2）定期对总账与各类明细账进行结账，并完成总账与明细账的对账，保证账账相符。

（3）按期汇总结转收入、收益、费用、损失，计算确定营业利润、利润总额和净利润，负责利润形成的会计核算及本年利润账簿的登记。

（4）根据程序和要求，负责利润分配的会计核算及利润分配类账簿的登记。

（5）负责财务报表的编制、汇总和报送工作，包括资产负债表、利润表、现金流量表、所有者权益变动表、附注以及有关内部报表。

（6）利用财务报表数据进行财务分析，为管理层决策提供依据和支持。

（7）负责与工商、税务、审计、金融机构的沟通与协调，如实提供各部门、机构所需的财务资料。

（8）完成领导交办的其他工作。

二、实训目的

（1）了解各报表之间的勾稽关系。

（2）熟悉资产负债表和利润表的信息生成过程。

（3）掌握财务成果的核算方法。

（4）掌握资产负债表和利润表的编制方法。

（5）掌握本年利润、利润分配、盈余公积总分类账簿和明细分类账簿的登记方法。

三、实训资料

2021年12月1日，烟台兴茂机械制造有限公司本年利润、利润分配、盈余公积账户期初余额如表9-1所示。

表9-1　本年利润、利润分配、盈余公积账户期初余额

总账科目	明细科目	借贷方向	余额	账户类型
本年利润	—	贷	1 685 928.06	三栏式
利润分配	未分配利润	贷	4 856 725.18	三栏式
	提取法定盈余公积	平	0.00	三栏式

（续表）

总账科目	明细科目	借贷方向	余额	账户类型
利润分配	提取任意盈余公积	平	0.00	三栏式
	应付现金股利	平	0.00	三栏式
盈余公积	法定盈余公积	贷	342 139.07	三栏式
	任意盈余公积	贷	171 069.53	三栏式

烟台兴茂机械制造有限公司2021年12月有关科目月初余额及损益结转和利润分配前有关科目发生额如表9-2所示。

【1】 12月31日，将本月各项损益结转至"本年利润"账户。

【2】 12月31日，根据股东大会决议，按全年税后利润的10%提取法定盈余公积，按5%提取任意盈余公积。

【3】 12月31日，宣告利润分配方案，按出资比例向投资方分配股利400 000元。

【4】 12月31日，结转本年净利润与本年已分配利润。

四、实训要求

（1）设置总账会计相关总账和明细账，包括"本年利润""利润分配""盈余公积"，登记期初余额。

（2）填制并审核经济业务【1】至【4】的原始凭证，并编制记账凭证。

提示：本实训记账凭证编号从记072开始。

（3）根据经济业务【1】至【4】的记账凭证和原始凭证登记"本年利润""利润分配""盈余公积"明细账和总账。

（4）根据经济业务【1】至【4】完成"烟台兴茂机械制造有限公司2021年12月有关科目余额及损益结转和利润分配后发生额表"。

（5）编制烟台兴茂机械制造有限公司2021年12月31日的资产负债表。

（6）编制烟台兴茂机械制造有限公司2021年12月的利润表。

五、思政课堂

华为：长风万里破浪前进

2020年3月31日，华为在深圳总部发布了2019年的全年业绩情况，公司实现全球销售收入8 588亿元（人民币，下同），同比增长19.1%，净利润627亿元，同比增长5.6%。具体到业务来看，华为运营商业务实现销售收入2 967亿元，同比增长3.8%；企业业务实现销售收入897亿元，同比增长8.6%；外界关注的消费者业务继续保持稳健增长，全年智能手机发货量超过2.4亿台，实现销售收入4 673亿元，同比增长34%。另外，2019年华为持续投入技术创新与研究,研发费用达 1 317 亿元,占全年销售收入的 15.3%。

2020 年,在面临新冠肺炎疫情严峻挑战的情况下,华为全球化的供应链体系同时还承受了巨大的外部压力。尽管华为在 2020 年遭遇重压,但得益于全球 5G 的快速发展,行业数字化进程的加速,以及消费者业务战略的积极调整,企业最终仍实现了经营预期。2020年实现全球销售收入 8 914 亿元人民币,同比增长 3.8%,净利润 646 亿元人民币,同比增长3.2%。2020 年,研发依旧是华为的主要投资点,研发费用为 1 418.93 亿元,较上年同比增加7.8%,占全年营收的 15.9%;全球从事研究与开发的人员约 10.5 万名,约占公司总人数的 53.4%。华为坚持每年将 10%以上的销售收入投入研究与开发,近 10 年累计研发投入超过 7 200 亿元。作为全球最大的专利持有企业之一,截至 2020 年年底,华为在全球共持有有效授权专利 4 万余族(超 10 万件),90%以上专利为发明专利。华为轮值董事长胡厚崑表示,在美国打压之下业绩仍能取得小幅度增长,除了积极采取措施让整个供应能够多元化外,华为多年来坚持技术创新投入也是重要原因。

资料来源:新浪财经微信公众号。

请思考:

华为在疫情和美国制裁等多重压力下仍表现良好,对我们有何启示?

表 9-2　烟台兴茂机械制造有限公司

2021 年 12 月有关科目月初余额及损益结转和利润分配前有关科目发生额表

账户名称	月初余额		损益结转和利润分配前发生额	
	借方余额	贷方余额	借方发生额	贷方发生额
库存现金	7 100.00		875.86	2 108.32
银行存款	6 295 418.47		4 168 264.29	6 993 013.01
其他货币资金	140 000.00		372 226.00	49 050.00
交易性金融资产	522 000.00		0.00	348 000.00
应收票据	78 452.60		465 931.51	315 884.00
应收账款	1 255 717.31		900 503.39	1 342 703.06
——济南信达汽车配件有限公司	470 051.60		471 391.00	564 704.55
——泰安嘉华汽车配件有限公司	385 000.00		226 000.00	490 000.00
——烟台三立有限公司	350 299.71		203 112.39	182 632.51
——威海东恒公司	5 366.00		0.00	5 366.00
——烟台益德商贸有限公司	45 000.00		0.00	100 000.00
坏账准备		50 000.00	5 479.00	3 964.50
预付账款	30 700.00		38 100.00	700.00
——上海东方汽车杂志社	700.00		4 200.00	700.00
——重庆华宇机械有限公司	30 000.00		33 900.00	0.00
其他应收款	15 402.80		0.00	6 400.00
应收股利	0.00		10 000.00	0.00
应收利息	0.00		10 000.00	0.00
材料采购	35 000.00		361 473.70	356 365.00
原材料	831 250.00		358 100.00	346 430.00
周转材料	3 600.00		8 000.00	7 600.00
材料成本差异		1 000.00	311.00	1 134.39
库存商品	2 633 191.14		895 621.18	1 019 202.85
存货跌价准备		3 452.60	0.00	108.70
长期股权投资	600 000.00		22 000.00	10 000.00
债权投资	203 000.00		0.00	988.40
其他权益工具投资	0.00		63 240.00	0.00
投资性房地产	0.00		3 200 000.00	0.00
固定资产	6 864 774.69		548 672.57	0.00

（续表）

账户名称	月初余额		损益结转和利润分配前发生额	
	借方余额	贷方余额	借方发生额	贷方发生额
累计折旧		2 734 903.66	0.00	41 526.37
固定资产减值准备		5 237.48	0.00	896.30
无形资产	310 000.00		0.00	0.00
累计摊销		0.00	0.00	0.00
递延所得税资产	2 280.00		0.00	1 037.13
待处理财产损溢	0.00		2 114.37	2 114.37
短期借款		550 000.00	150 000.00	100 000.00
应付票据		140 000.00	90 000.00	336 000.00
应付账款		671 024.10	991 500.00	580 000.00
——济南飞达工业集团		409 024.10	421 500.00	120 000.00
——重庆恒星钢材有限公司		262 000.00	570 000.00	460 000.00
预收账款		45 504.57	33 900.00	0.00
——济宁东方专用车有限公司		5 504.57	11 300.00	0.00
——山东华顺汽车配件有限公司		40 000.00	22 600.00	0.00
应付职工薪酬		112 370.00	112 370.00	131 820.00
应交税费		75 716.82	509 034.53	476 796.53
应付利息		23 100.00	23 100.00	0.00
应付股利		0.00	0.00	0.00
其他应付款		50 550.00	11 000.00	0.00
长期借款		600 000.00	0.00	0.00
递延所得税负债		7 300.00	0.00	729.00
实收资本		7 850 000.00	0.00	550 000.00
资本公积		280 000.00	0.00	70 000.00
其他综合收益		0.00	1 419.00	14 190.00
盈余公积		513 208.60	0.00	0.00
本年利润		1 699 098.68	0.00	0.00
利润分配		4 843 554.56	0.00	0.00
生产成本	428 134.06		886 772.83	895 621.18
制造费用	0.00		71 314.48	71 314.48
主营业务收入		0.00	0.00	1 301 656.49

（续表）

账户名称	月初余额		损益结转和利润分配前发生额	
	借方余额	贷方余额	借方发生额	贷方发生额
其他业务收入		0.00	0.00	5 604.57
投资收益		0.00	0.00	55 279.80
公允价值变动损益		0.00	0.00	9 800.00
主营业务成本	0.00		1 030 259.10	0.00
其他业务成本	0.00		1 731.75	0.00
税金及附加	0.00		19 011.41	0.00
销售费用	0.00		12 769.05	0.00
管理费用	0.00		48 064.31	0.00
财务费用	0.00		4 007.50	0.00
资产减值损失	0.00		3 154.00	0.00
信用减值损失	0.00		1 345.82	0.00
营业外支出	0.00		10 000.00	0.00
所得税费用	0.00		6 371.80	0.00
合　　计	20 256 021.07	20 256 021.07	15 448 038.45	15 448 038.45

六、实训原始凭证

凭证 9-1-1

收入类科目汇总表

单位：烟台兴茂机械制造有限公司　　　　　　　　所属期间：2021年12月

序　号	收入性损益科目	金额（元）
1	主营业务收入	
2	其他业务收入	
3	投资收益（收益）	
4	公允价值变动损益（收益）	
5	合　　计	

审核：李丰富　　　　　　　　　　　　　　制表：张　丽

凭证 9-1-2

费用类科目汇总表

单位：烟台兴茂机械制造有限公司　　　　　　　　所属期间：2021年12月

序号	费用性损益科目	金额（元）	序号	费用性损益科目	金额（元）
1	主营业务成本		7	财务费用	
2	其他业务成本		8	资产减值损失	
3	税金及附加		9	信用减值损失	
4	销售费用		10	营业外支出	
6	管理费用		11	合　计	

审核：李丰富　　　　　　　　　　　　　　制表：张　丽

凭证 9-1-3

所得税费用汇总表

单位：烟台兴茂机械制造有限公司　　　　　　　　　　　所属期间：2021年

总分类科目	明细	借贷方向	金额（元）
所得税费用	当期所得税	借	6,660.35
所得税费用	递延所得税	贷	288.55
合　计		借	6,371.80

审核：李丰富　　　　　　　　　　　　　制表：张丽

凭证 9-2

计提盈余公积计算表

单位：烟台兴茂机械制造有限公司　　　　　　　　　　　所属期间：2021年

项目	计提依据			计提率	计提金额（元）
	本年净利润（元）	以前年度未弥补亏损（元）	扣除以前年度亏损后净利润（元）		
法定盈余公积	1,934,724.80	0.00	1,934,724.80	10%	193,472.48
任意盈余公积	1,934,724.80	0.00	1,934,724.80	5%	96,736.24
合　计					290,208.72

审核：李丰富　　　　　　　　　　　　　制表：张丽

凭证 9-3

股利分配计算表

单位：烟台兴茂机械制造有限公司　　　　　　　　　所属期间：2021年

项目	本年净利润	分配金额	分配率
应付股利	1,934,724.80	400,000.00	20.67%

复核：　李丰富　　　　　　　　　制表：　张　丽

凭证 9-4

结转本年利润与已分配利润计算表

单位：烟台兴茂机械制造有限公司　　　　　　　　　所属期间：2021年

项目	金额(元)	项目	金额(元)
提取法定盈余公积		本年实现净利润	
提取任意盈余公积		本年未分配利润	
应付股利		年初未分配利润	
合　计		年末未分配利润	

复核：　李丰富　　　　　　　　　制表：　张　丽

凭证审核、更正记录表

凭证编号	存在的问题	解决方案

　　在会计实务中,由于原始凭证的制证人员粗心大意或者舞弊行为导致原始凭证出现错误,需要会计人员在审核原始凭证中指出存在的问题以及按照规章制度提出解决方案。本书编者在部分原始凭证中设置了一些"差错"需要学员认真审核。请学员将审核时发现的问题和解决方案,填写至本表。

凭证审核、更正记录表

凭证编号	存在的问题	解决方案